RECUEIL

Des Ariettes

DE

L'HEUREUX DÉGUISEMENT

Opéra Comique,

Mis en Musique

PAR

M.ʳ LA RUETTE.

Prix 2.ᵗ 8.ˢ

PARIS

Chez Duchesne Libraire rue S.ᵗ Jacques

Et aux Adreſſes Ordinaires.

1758

Avec Approbation et Privilége du Roi.

ARIETTES

DE
l'Heureux Déguisement.

Iere Ariette.

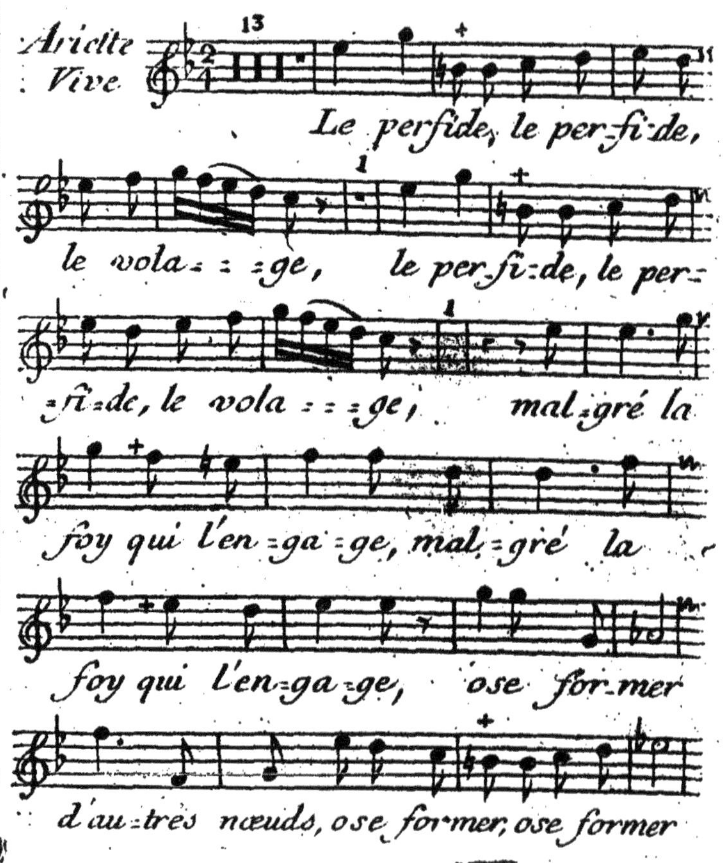

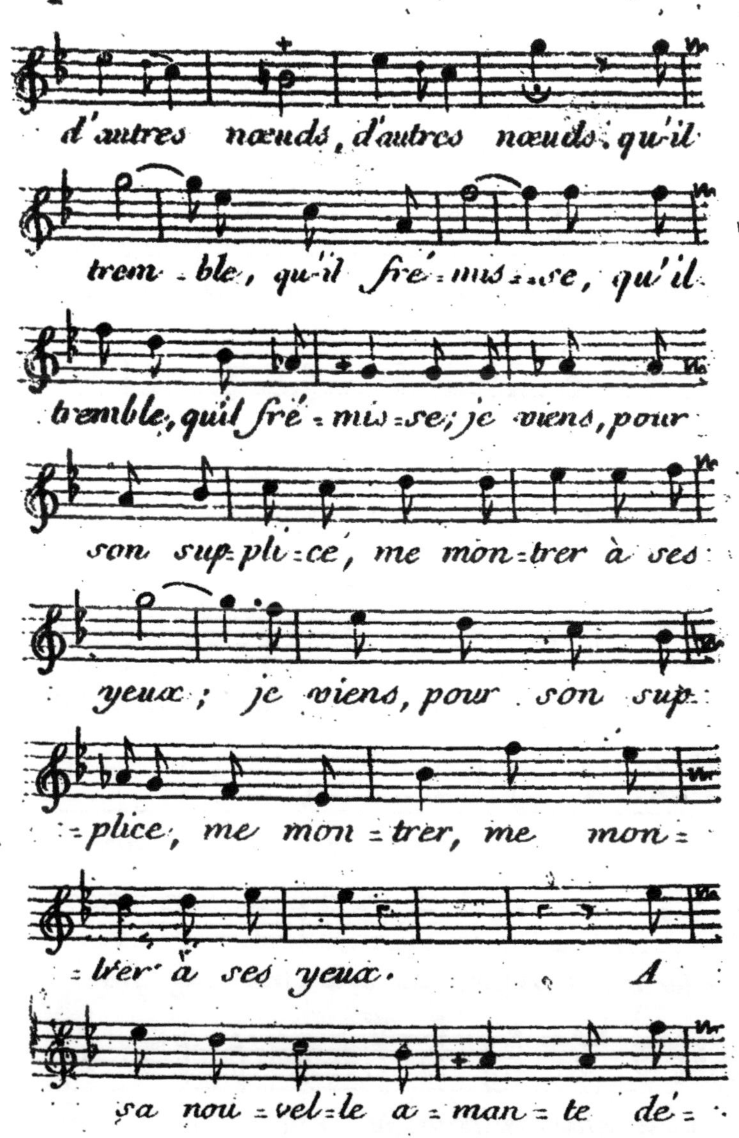

d'autres nœuds, d'autres nœuds, qu'il
trem - ble, qu'il fré - mis - se, qu'il
tremble, qu'il fré - mis - se; je viens, pour
son sup - pli - ce, me mon - trer à ses
yeux; je viens, pour son sup -
- plice, me mon - trer, me mon -
- trer à ses yeux.
sa nou - vel - le a - man - te dé -

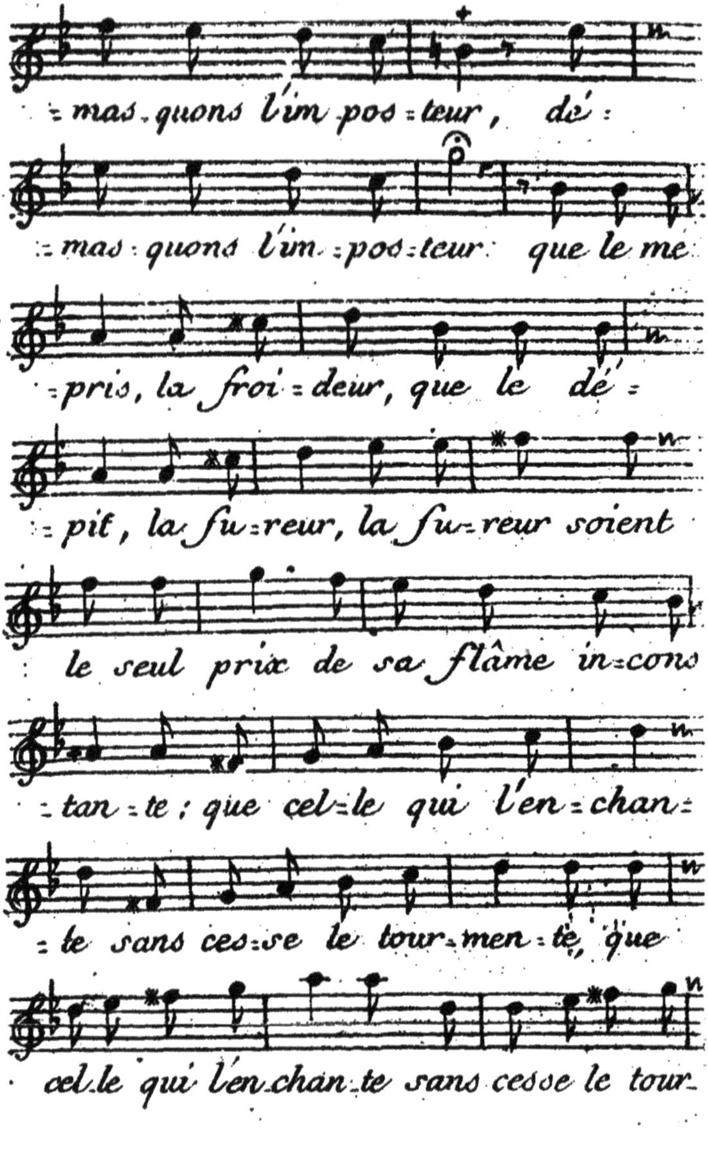

= mas = quons l'im = pos = teur, dé =
= mas = quons l'im = pos = teur: que le me
= pris, la froi = deur, que le dé =
= pit, la fu = reur, la fu = reur soient
le seul prix de sa flâme in = cons
= tan = te; que cel = le qui l'en = chan =
= te sans ces = se le tour = men = té, que
cel = le qui l'en = chan = te sans cesse le tour =

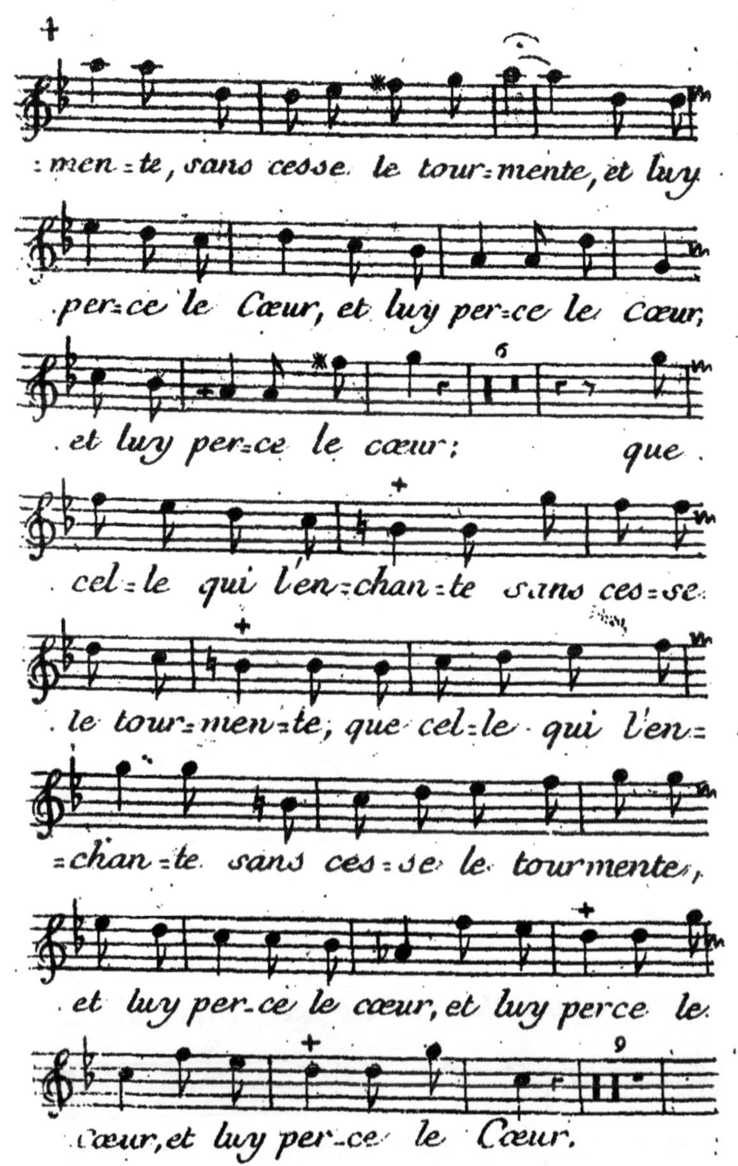

:men=te, sans cesse le tour=mente, et luy

per=ce le Cœur, et luy per=ce le cœur,

et luy per=ce le cœur; que

cel=le qui l'en=chan=te sans ces=se

le tour=men=te; que cel=le qui l'en=

=chan=te sans ces=se le tourmente,

et luy per=ce le cœur, et luy perce le

cœur, et luy per=ce le Cœur.

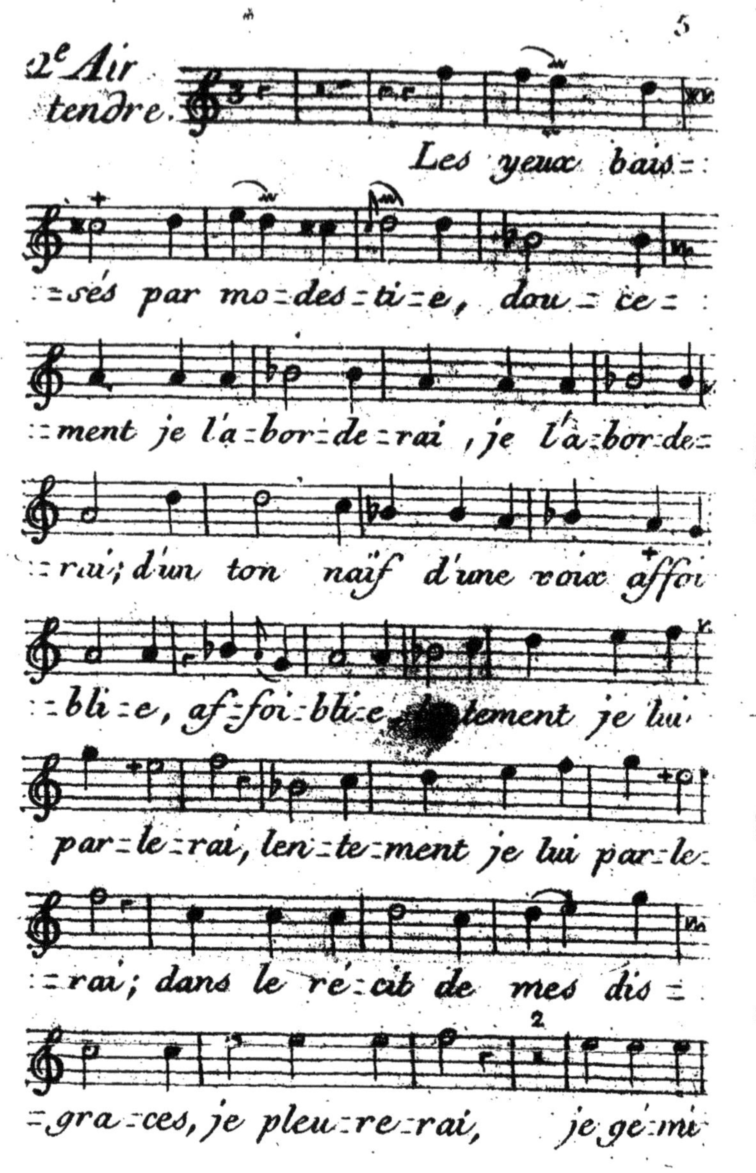
2e Air
tendre.
Les yeux bais=
=sés par mo=des=ti=e, dou=ce=
=ment je l'a=bor=de=rai, je l'a=bor=de=
=rai; d'un ton naïf d'une voix affoi
=bli=e, af=foi=bli=e tement je lui
par=le=rai, len=te=ment je lui par=le=
=rai; dans le ré=cit de mes dis=
=gra=ces, je pleu=re=rai, je ge=mi

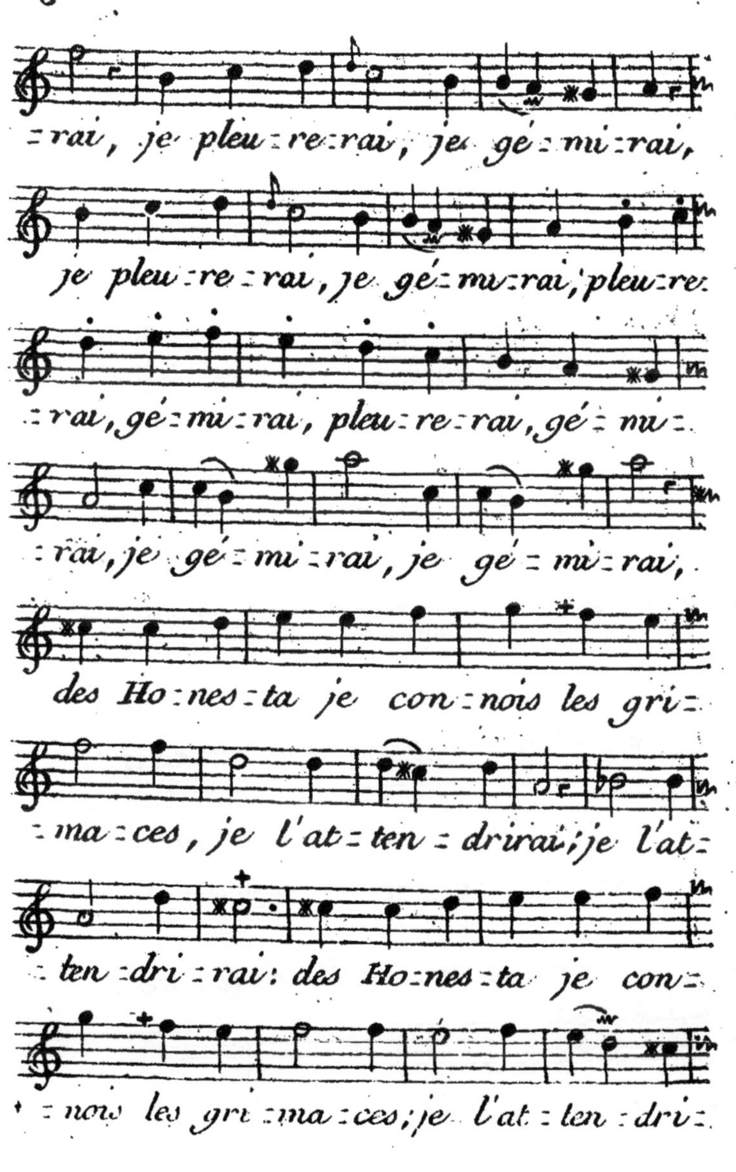
=rai, je pleu=re=rai, je gé=mi=rai,
je pleu=re=rai, je gé=mi=rai, pleu=re=
=rai, gé=mi=rai, pleu=re=rai, gé=mi=
=rai, je gé=mi=rai, je gé=mi=rai,
des Ho=nes=ta je con=nois les gri=
=ma=ces, je l'at=ten=drirai; je l'at=
=ten=dri=rai: des Ho=nes=ta je con=
=nois les gri=ma=ces; je l'at=ten=dri=

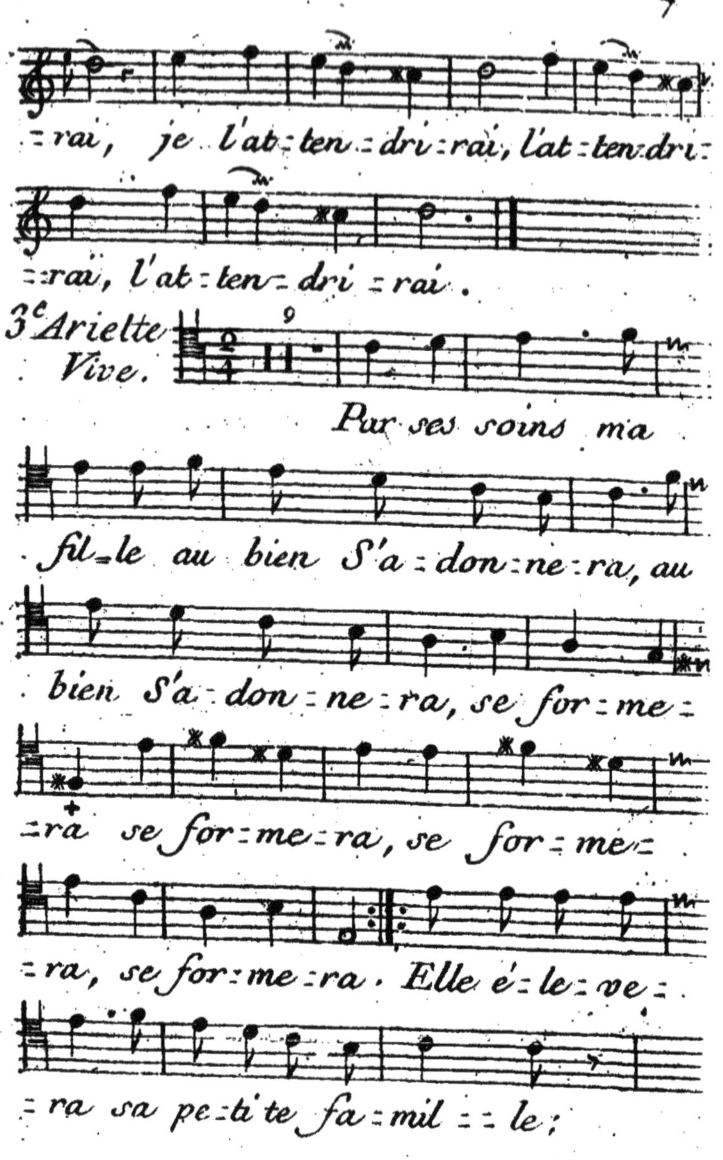
=rai, je l'at=ten=dri=rai, l'at=ten=dri=
=rai, l'at=ten=dri=rai.
3.e Ariette
Vive.
Par ses soins ma
fil=le au bien S'a=don=ne=ra, au
bien S'a=don=ne=ra, se for=me=
=ra se for=me=ra, se for=me=
=ra, se for=me=ra. Elle é=le=ve=
=ra sa pe=ti te fa=mil===le;

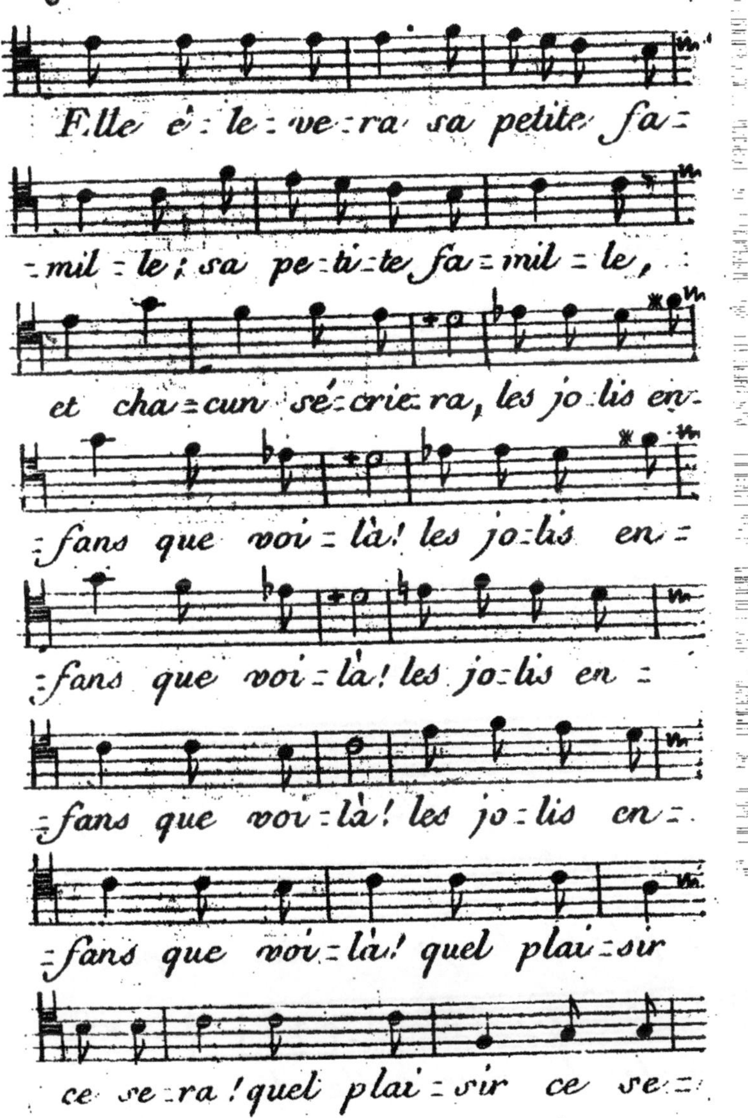
Elle é=le=ve=ra sa petite fa=
=mil=le; sa pe=ti=te fa=mil=le,
et cha=cun s'é=crie=ra, les jo=lis en=
=fans que voi=là! les jo=lis en=
=fans que voi=là! les jo=lis en=
=fans que voi=là! les jo=lis en=
=fans que voi=là! quel plai=sir
ce se=ra! quel plai=sir ce se=

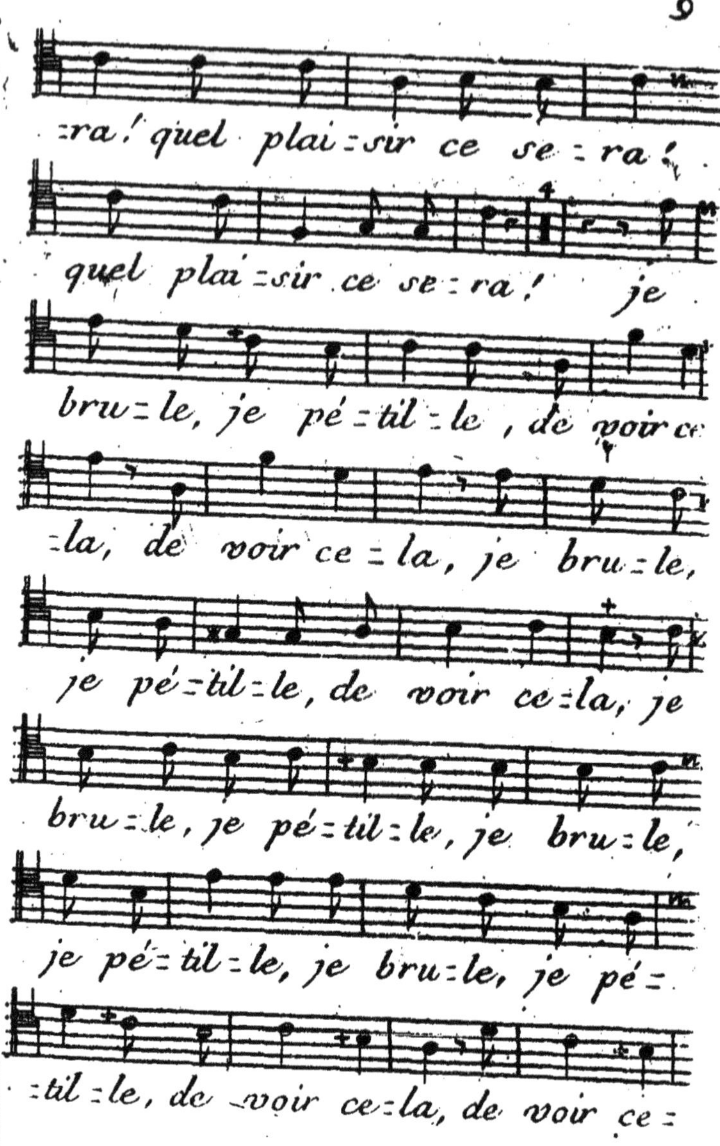

=ra! quel plai=sir ce se=ra!
quel plai=sir ce se=ra! je
bru=le, je pé=til=le, de voir ce=
=la, de voir ce=la, je bru=le,
je pé=til=le, de voir ce=la, je
bru=le, je pé=til=le, je bru=le,
je pé=til=le, je bru=le, je pé=
=til=le, de voir ce=la, de voir ce=

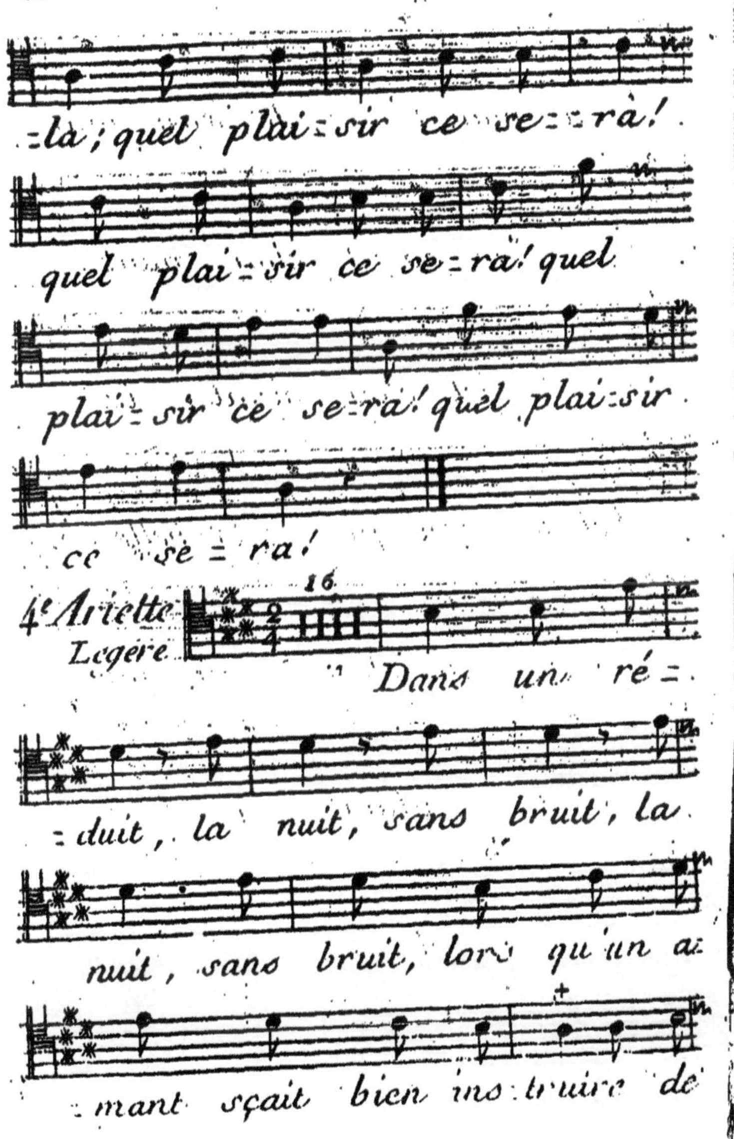

=là; quel plai=sir ce se=ra!
quel plai=sir ce se=ra! quel
plai=sir ce se=ra! quel plai=sir
ce se=ra!
4.e Ariette
Legere
Dans un ré=
=duit, la nuit, sans bruit, la
nuit, sans bruit, lors qu'un a=
=mant sçait bien ins=truire de

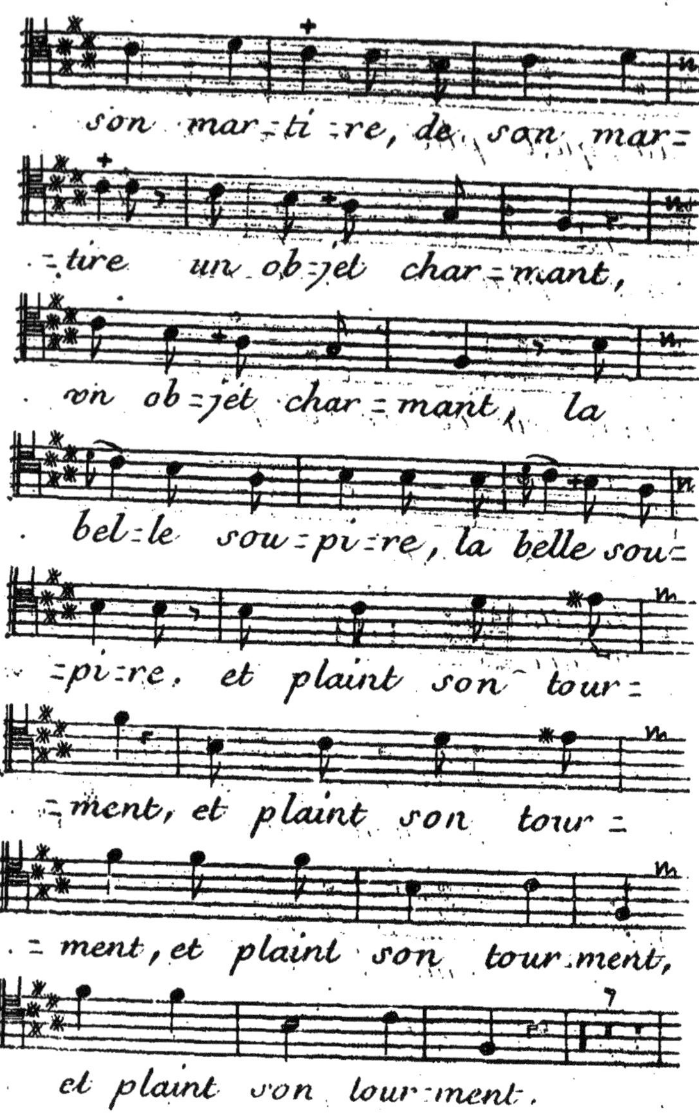
son mar=ti=re, de son mar=
=tire un ob=jet char=mant,
son ob=jet char=mant, la
bel=le sou=pi=re, la belle sou=
=pi=re, et plaint son tour=
=ment, et plaint son tour=
=ment, et plaint son tour=ment,
et plaint son tour=ment.

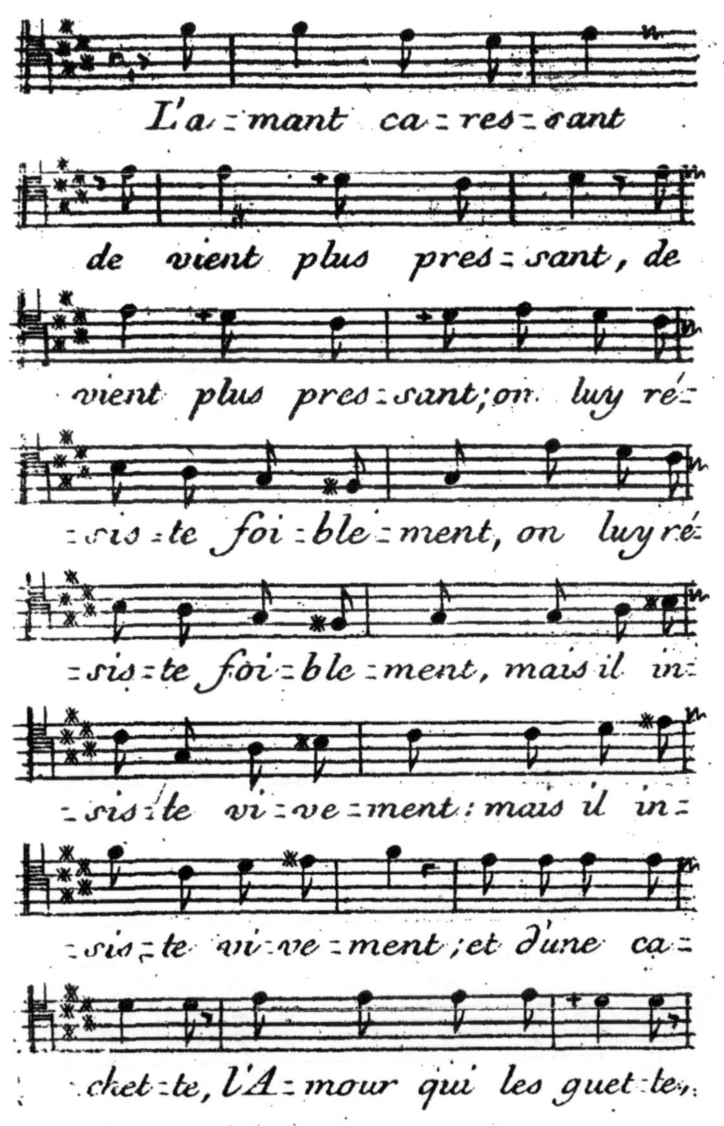
L'a=mant ca=res=sant
de vient plus pres=sant, de
vient plus pres=sant; on luy ré=
=sis=te foi=ble=ment, on luy ré=
=sis=te foi=ble=ment, mais il in=
=sis=te vi=ve=ment: mais il in=
=sis=te vi=ve=ment; et d'une ca=
chet=te, l'A=mour qui les guet=te,

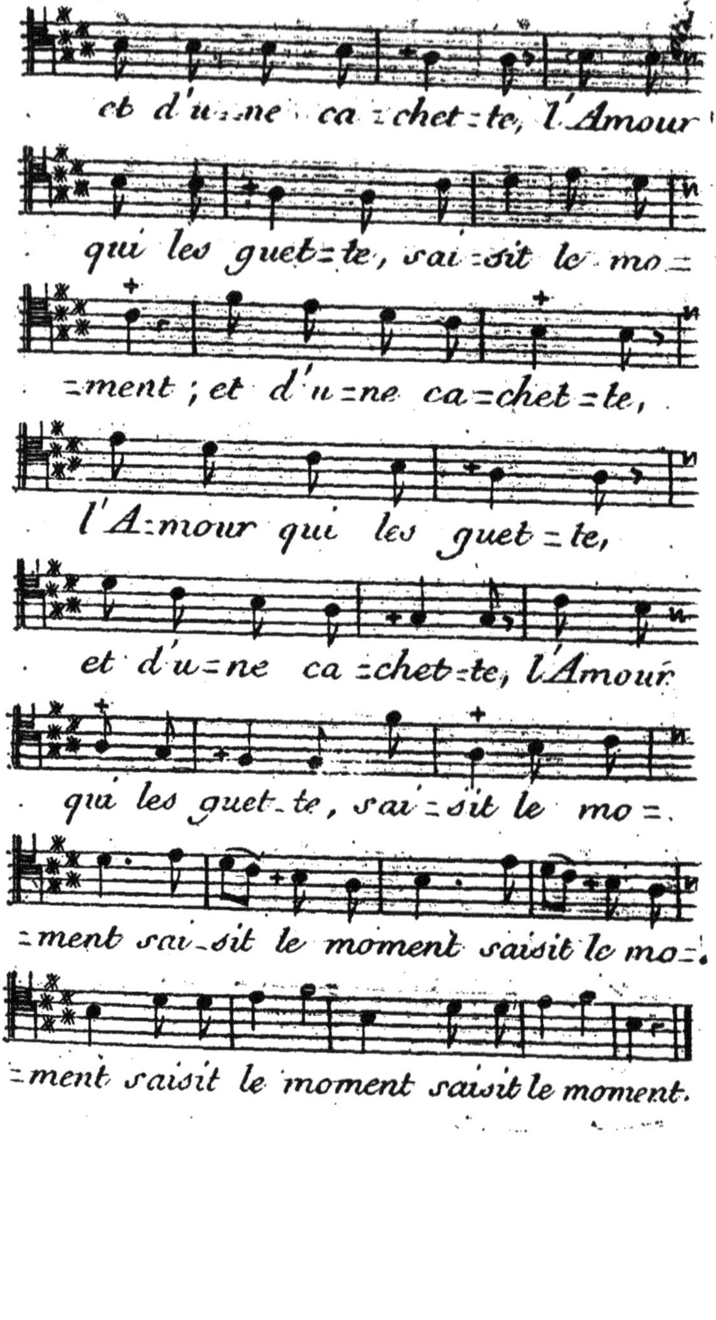

et d'u=ne ca=chet=te, l'Amour
qui les guet=te, sai=sit le mo=
=ment ; et d'u=ne ca=chet=te,
l'A=mour qui les guet=te,
et d'u=ne ca=chet=te, l'Amour
qui les guet=te, sai=sit le mo=
=ment sai=sit le moment saisit le mo=
=ment saisit le moment saisit le moment.

5.ᵉ Air
Leger.

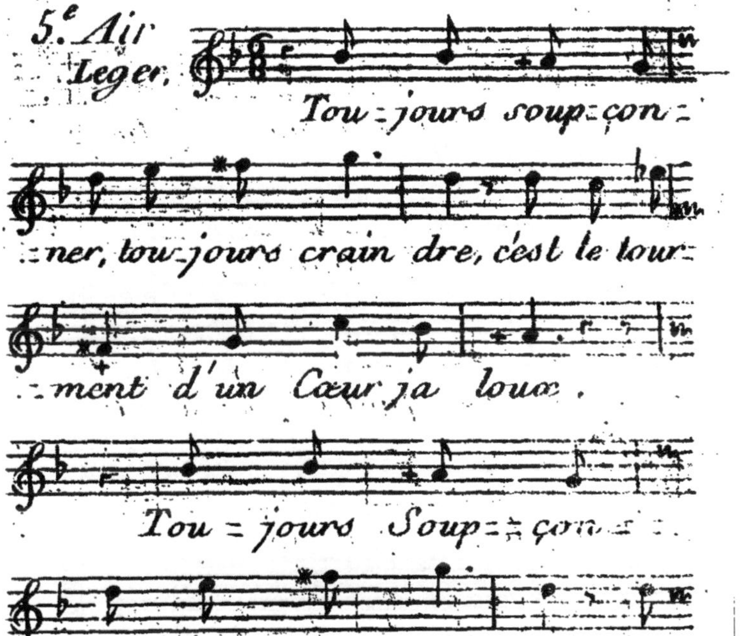

Tou=jours soup=çon=
=ner, tou=jours crain dre, c'est le tour=
=ment d'un Cœur ja loux.

Tou = jours Soup==çon=
=ner, tou=jours crain=dre, c'est
le tour=ment d'un Cœur ja=
=loux. helas! qu'un Epoux est à
plain=dre, quand il a be=

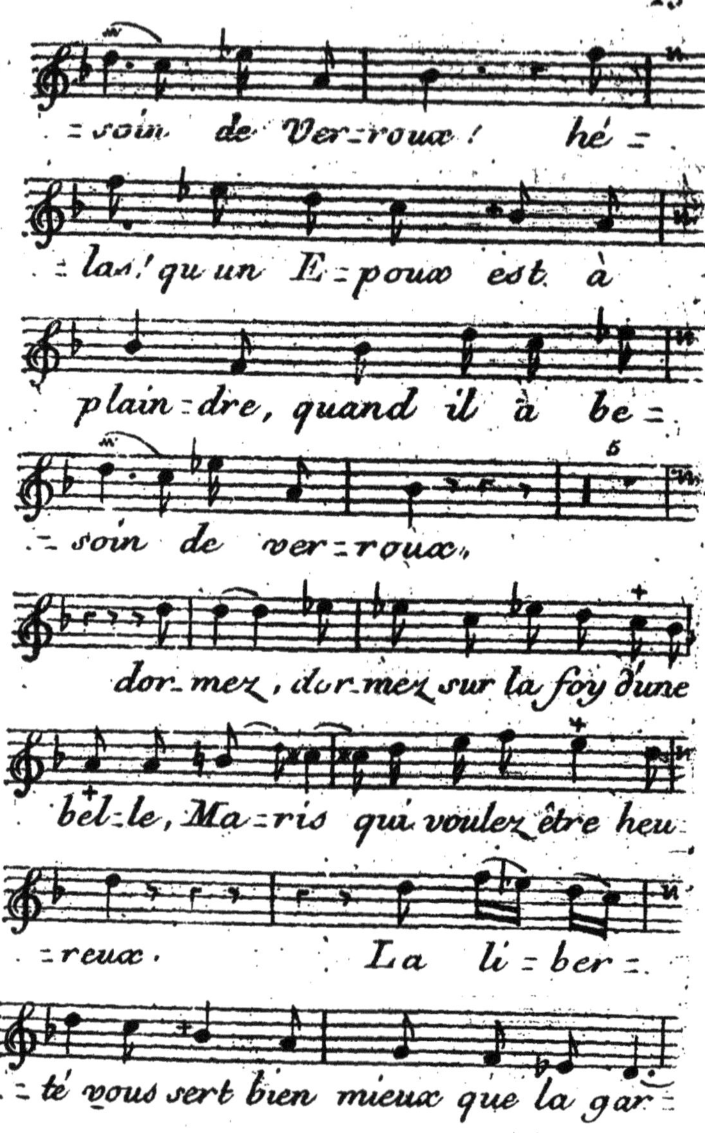

=soin de Ver=roux! hé =
= las! qu'un E=poux est à
plain=dre, quand il à be=
= soin de ver=roux,
dor=mez, dor=mez sur la foy d'une
bel=le, Ma=ris qui voulez être heu=
=reux. La li=ber=
= té vous sert bien mieux que la gar=

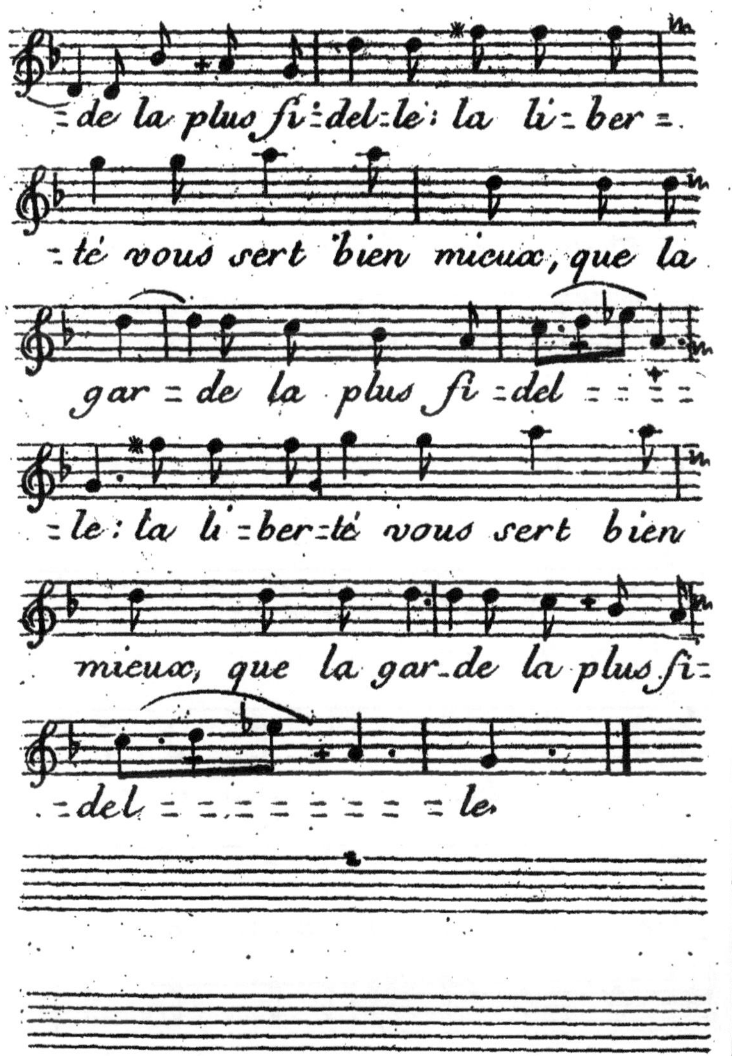
=de la plus fi=del=le: la li=ber=
=té vous sert bien mieux, que la
gar=de la plus fi=del===
=le: la li=ber=té vous sert bien
mieux, que la gar=de la plus fi=
=del==========le.

6.e Ariette
Vive.

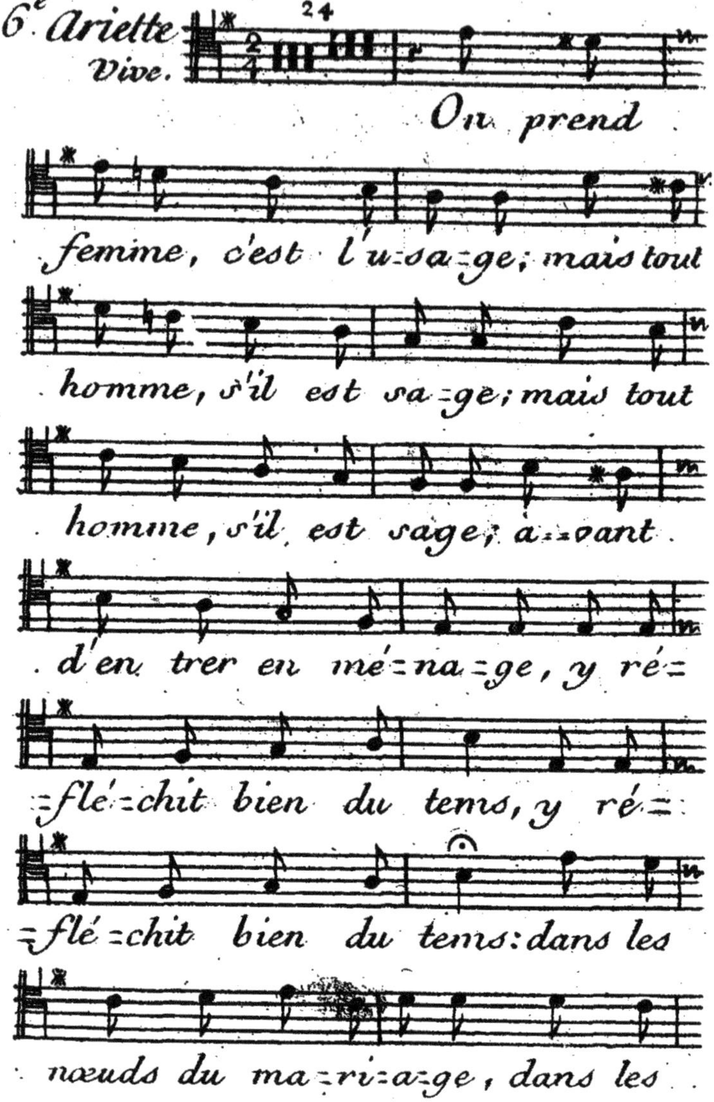

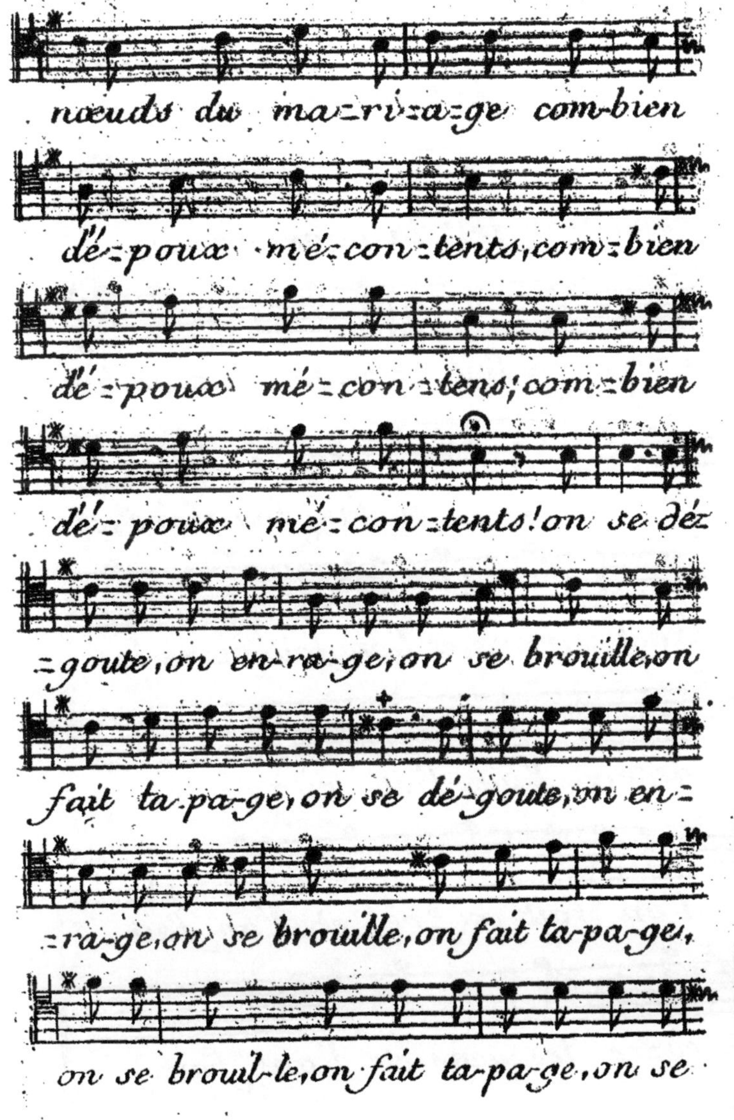
nœuds du ma=ri=a=ge com-bien
dé=poux mé=con=tents, com=bien
dé=poux mé=con=tens, com=bien
dé=poux mé=con=tents! on se déz
=goute, on en=ra=ge, on se brouille, on
fait ta-pa-ge, on se dé-goute, on en=
=ra-ge, on se brouille, on fait ta-pa-ge,
on se brouil-le, on fait ta-pa-ge, on se

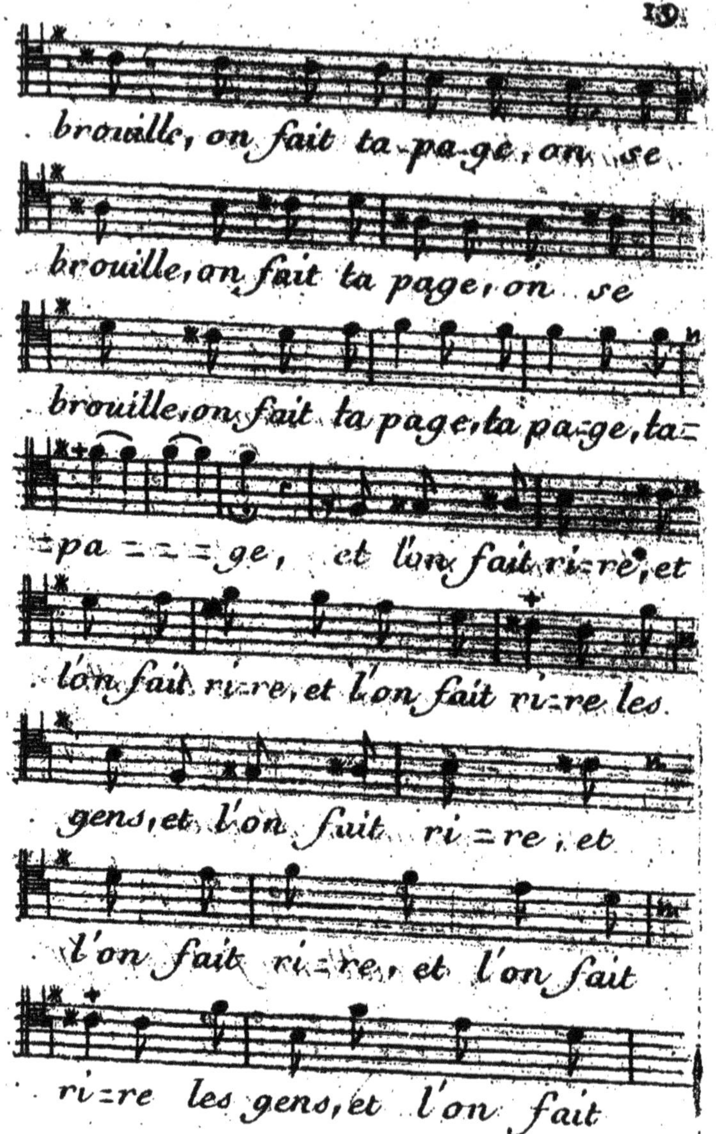

brouille, on fait ta pa-ge, on se
brouille, on fait ta page, on se
brouille, on fait ta page, ta pa-ge, ta-
-pa = = = ge, et l'on fait ri-re, et
l'on fait ri-re, et l'on fait ri-re les
gens, et l'on fait ri = re, et
l'on fait ri-re, et l'on fait
ri=re les gens, et l'on fait

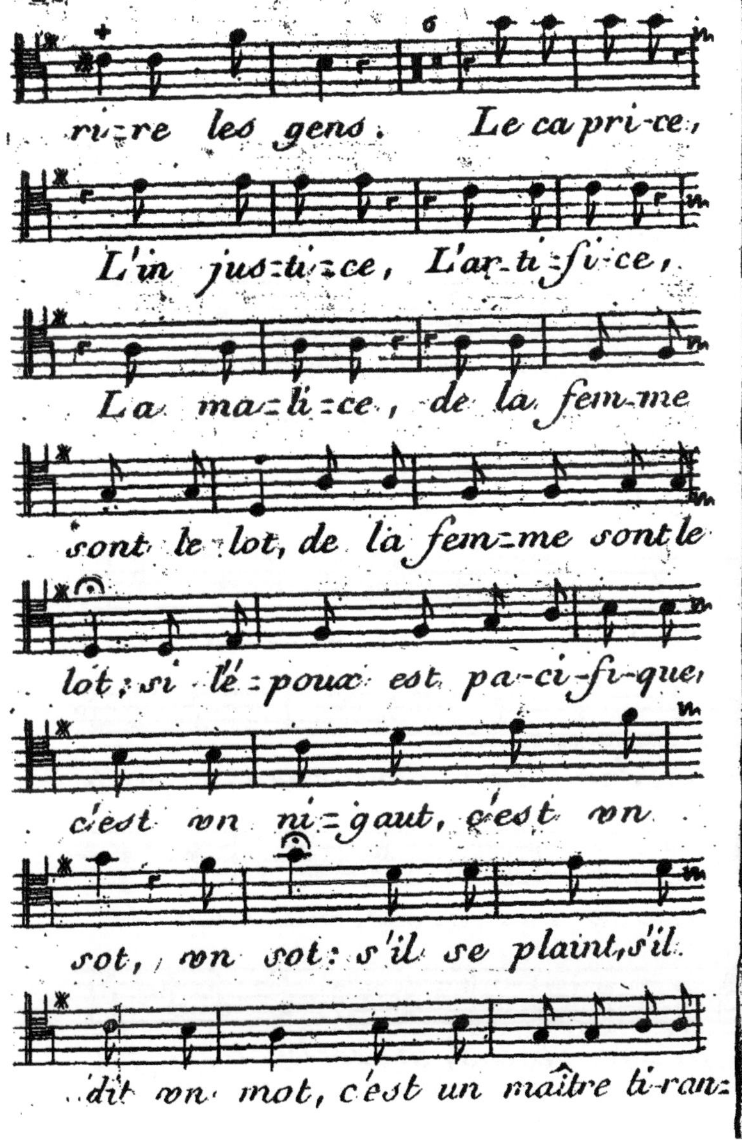
ri=re les gens. Le ca pri=ce,
L'in jus=ti=ce, L'ar=ti=fi=ce,
La ma=li=ce, de la fem=me
sont le lot, de la fem=me sont le
lot; si l'é=poux est pa=ci=fi=que,
c'est un ni=gaut, c'est un
sot, un sot: s'il se plaint, s'il
dit un mot, c'est un maître ti=ran=

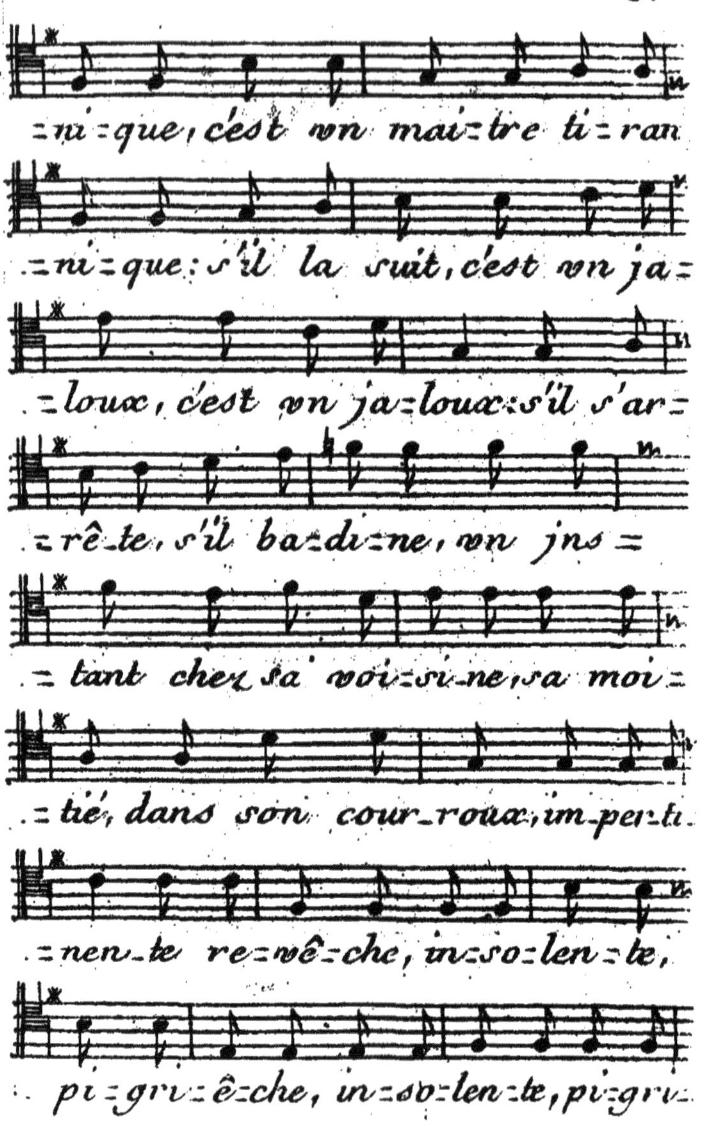
= ni = que, c'est un maî = tre ti = ran
= ni = que; s'il la suit, c'est un ja =
= loux, c'est un ja = loux; s'il s'ar =
= rê = te, s'il ba = di = ne, un jns =
= tant chez sa voi = si = ne, sa moi =
= tié, dans son cour = roux, im = per = ti
= nen = te re = vê = che, in = so = len = te,
pi = gri = ê = che, in = so = len = te, pi = gri

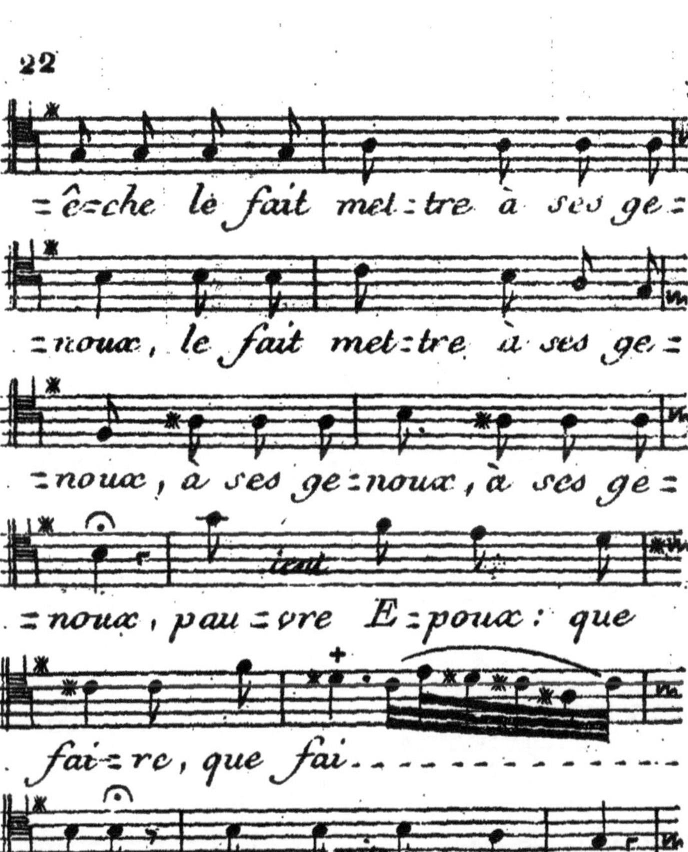
=ê=che le fait met=tre à ses ge=
=noux, le fait met=tre à ses ge=
=noux, à ses ge=noux, à ses ge=
=noux, pau=vre E=poux: que

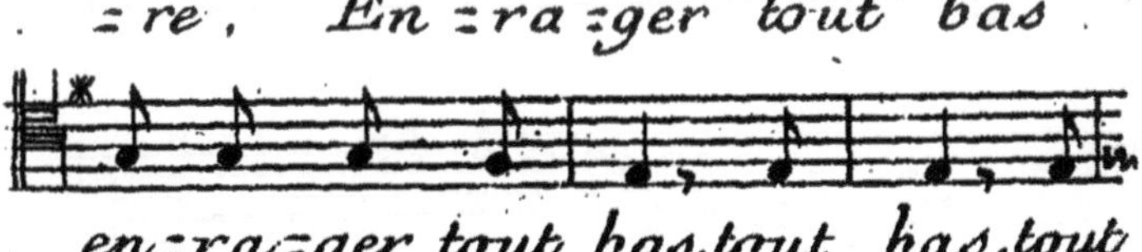
fai=re, que fai - - - - - - -
=re, En =ra=ger tout bas

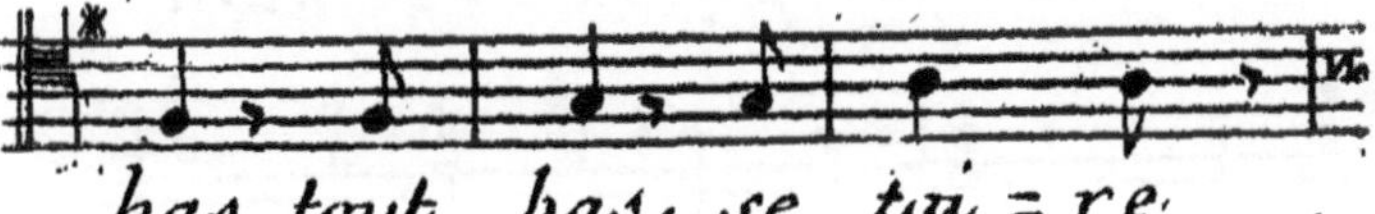
en=ra=ger tout bas, tout bas, tout
bas, tout bas, se tai=re

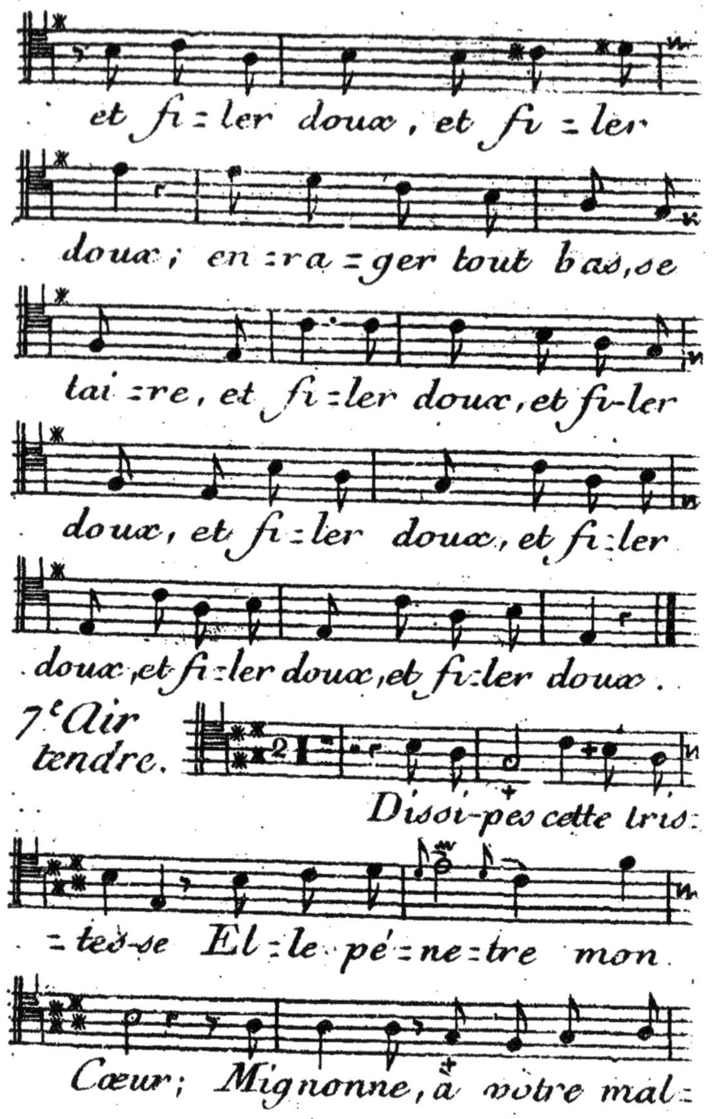
et fi=ler doux, et fi=ler
doux; en=ra=ger tout bas, se
tai=re, et fi=ler doux, et fi-ler
doux, et fi=ler doux, et fi=ler
doux, et fi=ler doux, et fi=ler doux.
7.e Air
tendre.
Dissi-pes cette tris=
=tes-se El=le pé=ne=tre mon
Cœur; Mignonne, à votre mal=

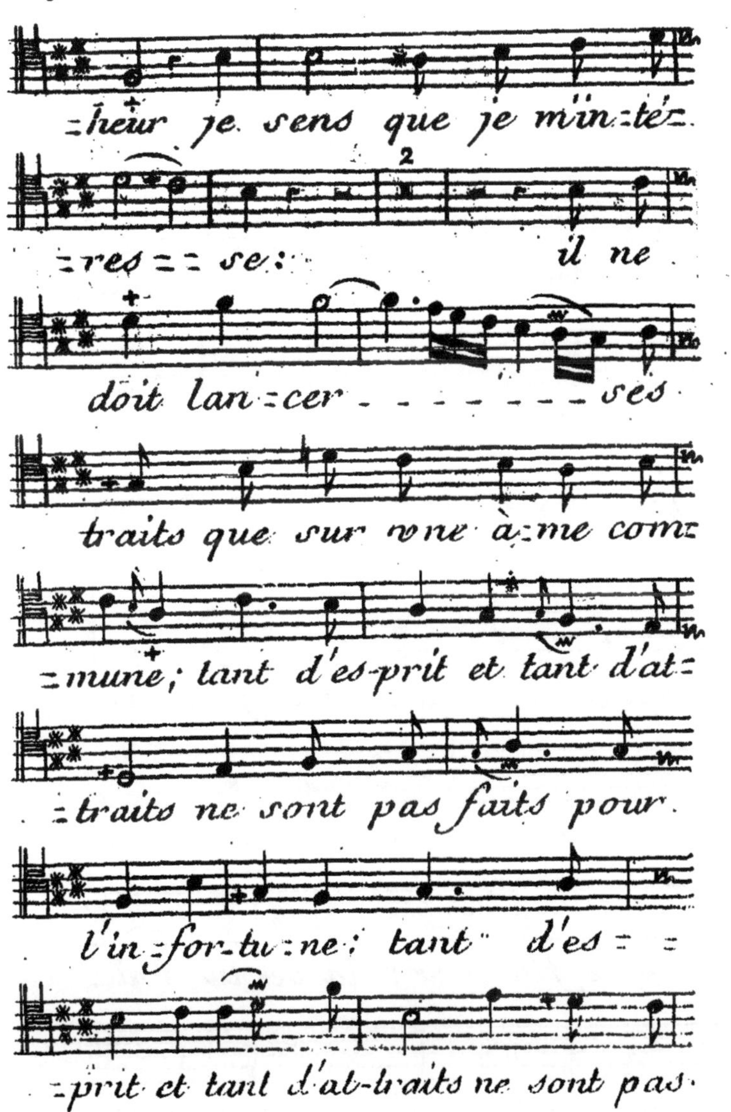
=heur je sens que je m'in=té=
=res == se: il ne
doit lan =cer _ _ _ _ _ _ _ ses
traits que sur une à=me com=
=mune; tant d'es-prit et tant d'at=
=traits ne sont pas faits pour
l'in=for-tu=ne; tant d'es = =
=prit et tant d'at-traits ne sont pas

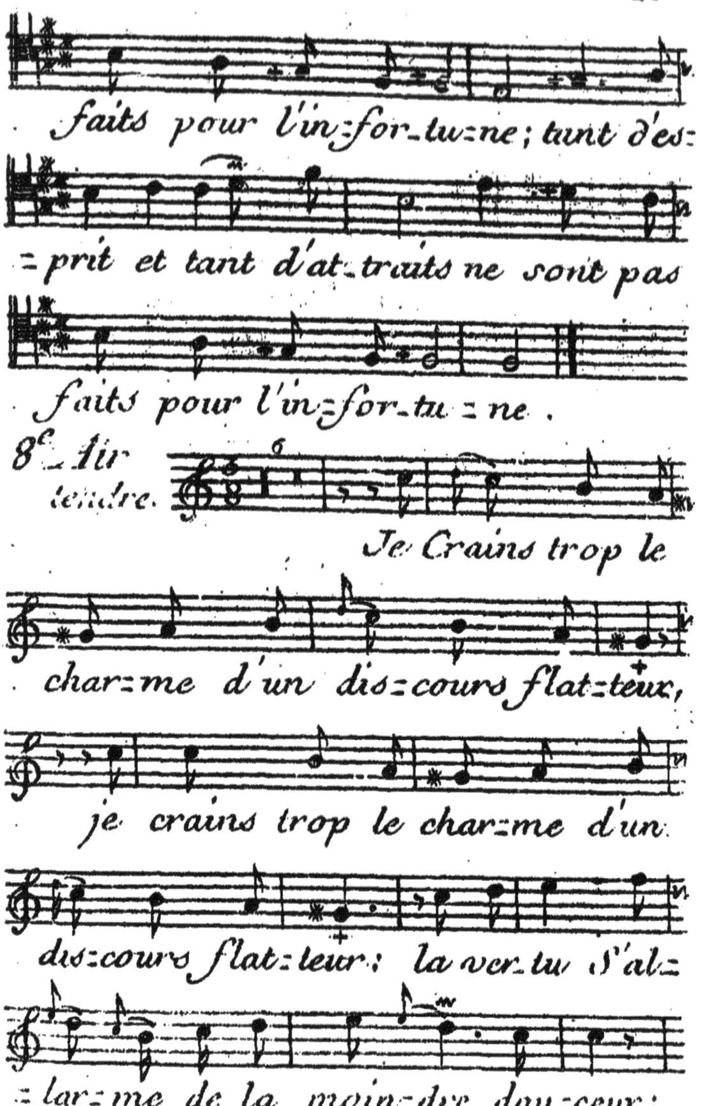
faits pour l'in=for=tu=ne; tant d'es=
=prit et tant d'at=traits ne sont pas
faits pour l'in=for=tu=ne.
8ᵉ Air tendre.
Je Crains trop le
char=me d'un dis=cours flat=teur,
je crains trop le char=me d'un
dis=cours flat=teur: la ver=tu s'al=
=lar=me de la moin=dre dou=ceur;

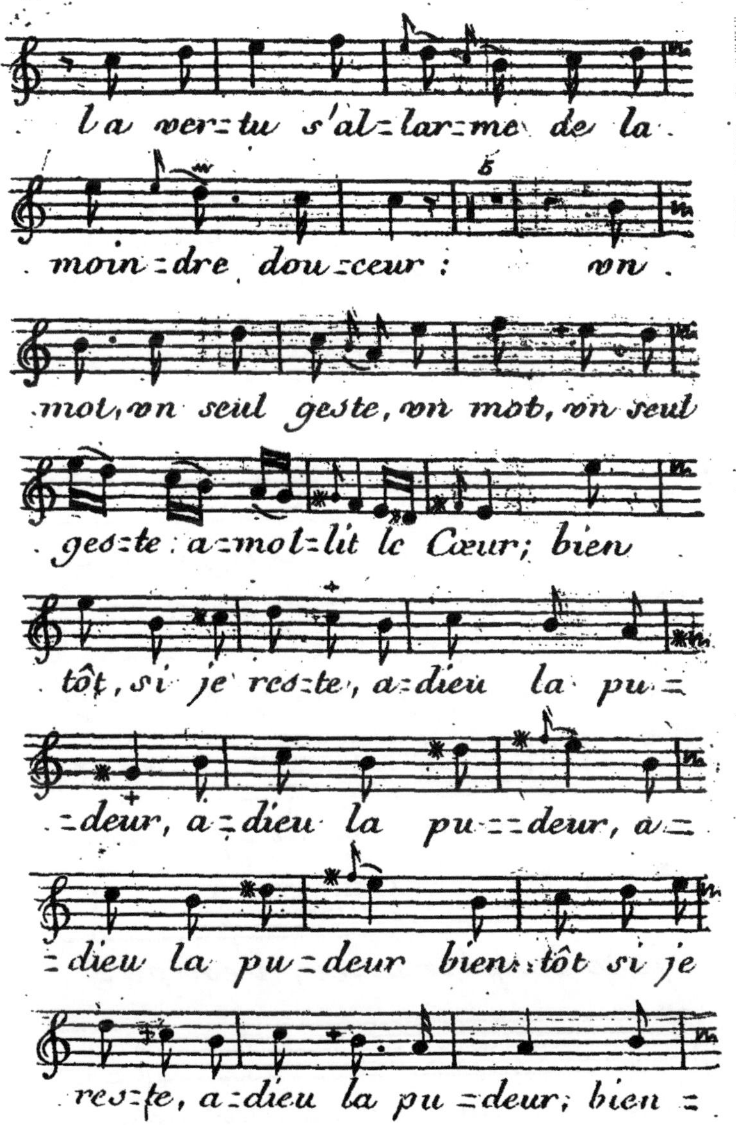
l a ver=tu s'al=lar=me de la
moin=dre dou=ceur : un
mot, un seul geste, un mot, un seul
ges=te : a=mol=lit le Cœur ; bien
tôt, si je res=te, a=dieu la pu=
=deur, a=dieu la pu==deur, a=
=dieu la pu=deur bien=tôt si je
res=te, a=dieu la pu==deur ; bien =

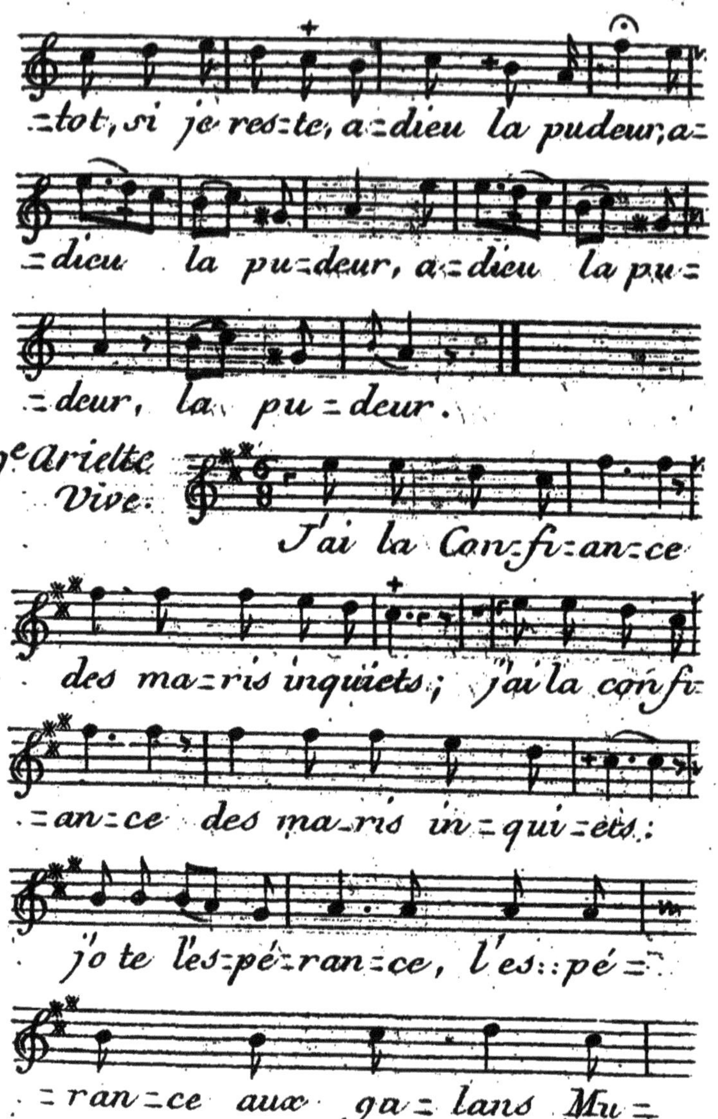
=tot, si je res=te, a=dieu la pudeur, a=
=dieu la pu=deur, a=dieu la pu=
=deur, la pu=deur.
9.e Ariette
Vive.
J'ai la Con=fi=an=ce
des ma=ris inquiets; j'ai la con=fi=
=an=ce des ma=ris in=qui=ets:
j'o te l'es=pé=ran=ce, l'es=:pé=
=ran=ce aux ga=lans Mu=

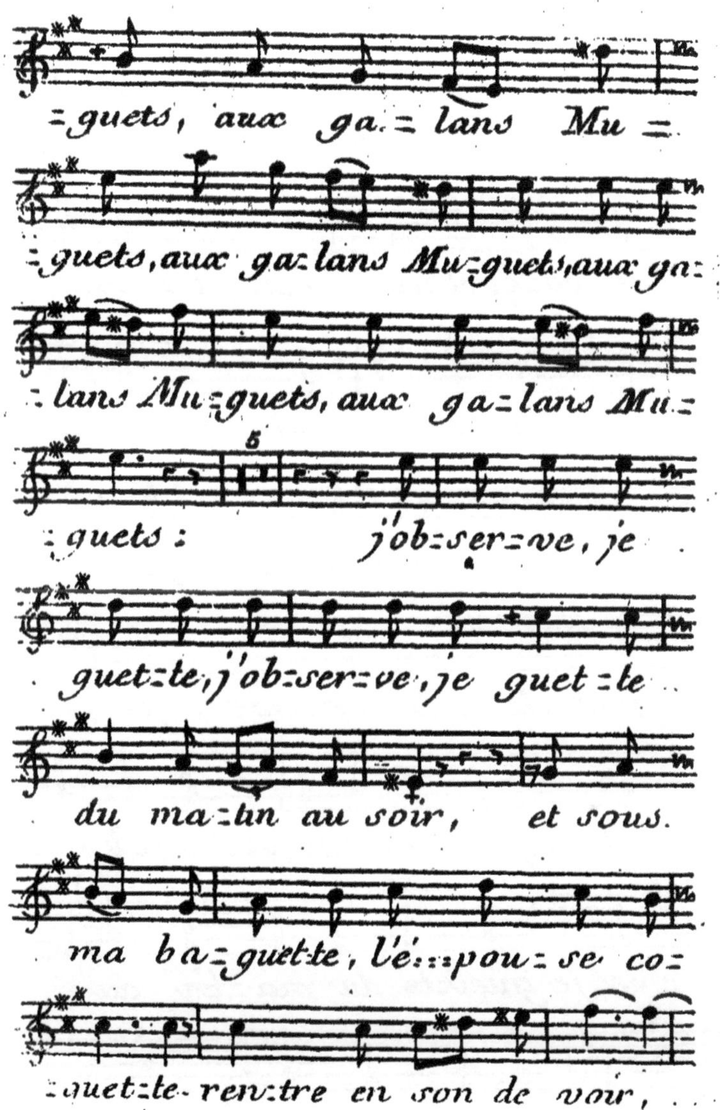
=guets, aux ga=lans Mu=
=guets, aux ga=lans Mu=guets, aux ga=
=lans Mu=guets, aux ga=lans Mu=
=guets : j'ob=ser=ve, je
guet=te, j'ob=ser=ve, je guet=te
du ma=tin au soir, et sous.
ma ba=guet=te, l'é==pou=se co=
=guet=te ren=tre en son de voir,

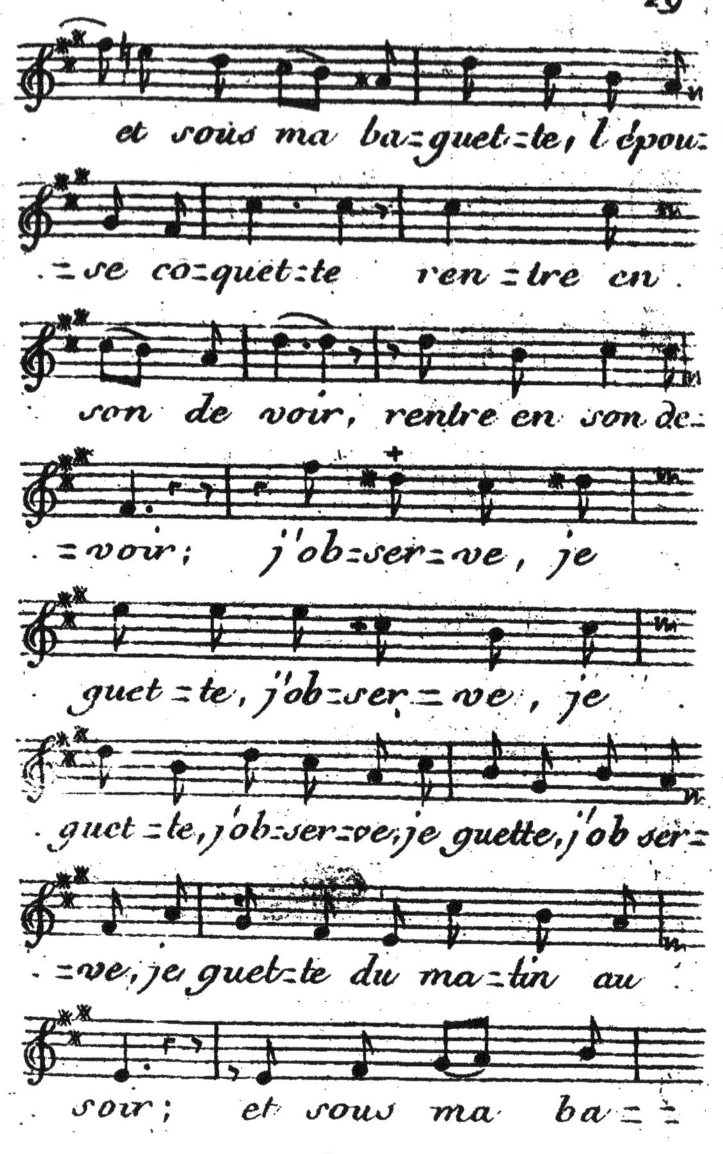

et sous ma ba=guet=te, l'épou=
=se co=quet=te ren=tre en
son de voir, rentre en son de=
=voir; j'ob=ser=ve, je
guet=te, j'ob=ser=ve, je
guet=te, j'ob=ser=ve, je guette, j'ob ser=
=ve, je guet=te du ma=tin au
soir; et sous ma ba==

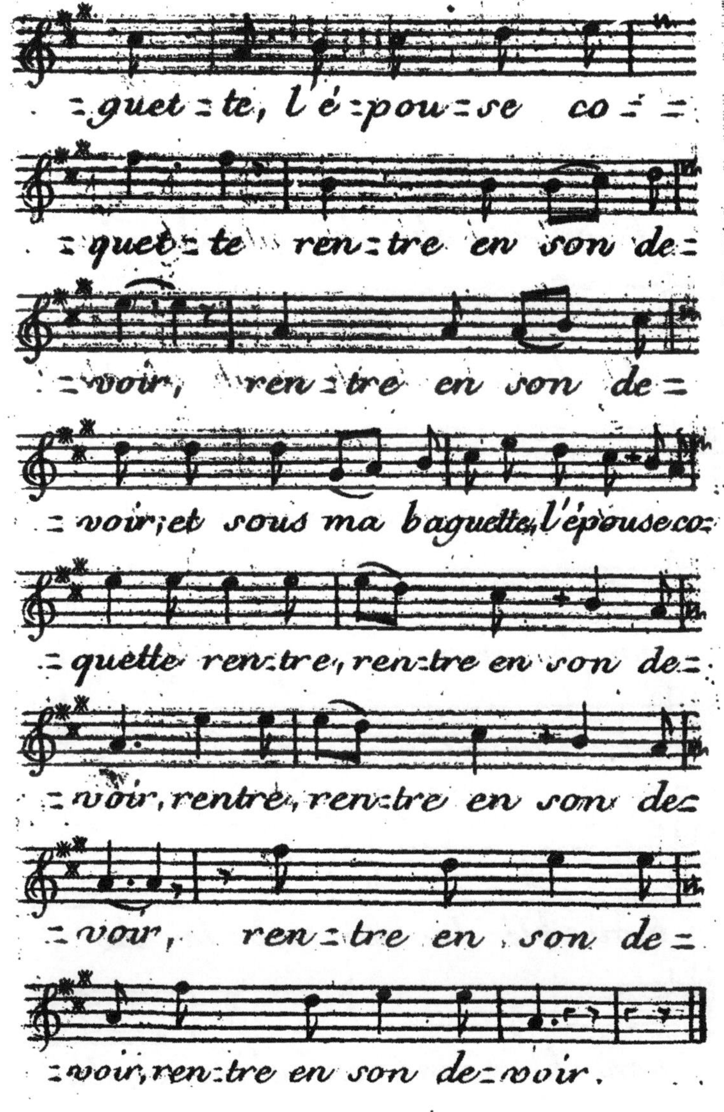

=guet=te, l'é=pou=se co=
=quet=te ren=tre en son de=
=voir, ren=tre en son de=
=voir, et sous ma baguette, l'épouse co=
=quette ren=tre, ren=tre en son de=
=voir, rentre, ren=tre en son de=
=voir, ren=tre en son de=
=voir, ren=tre en son de=voir.

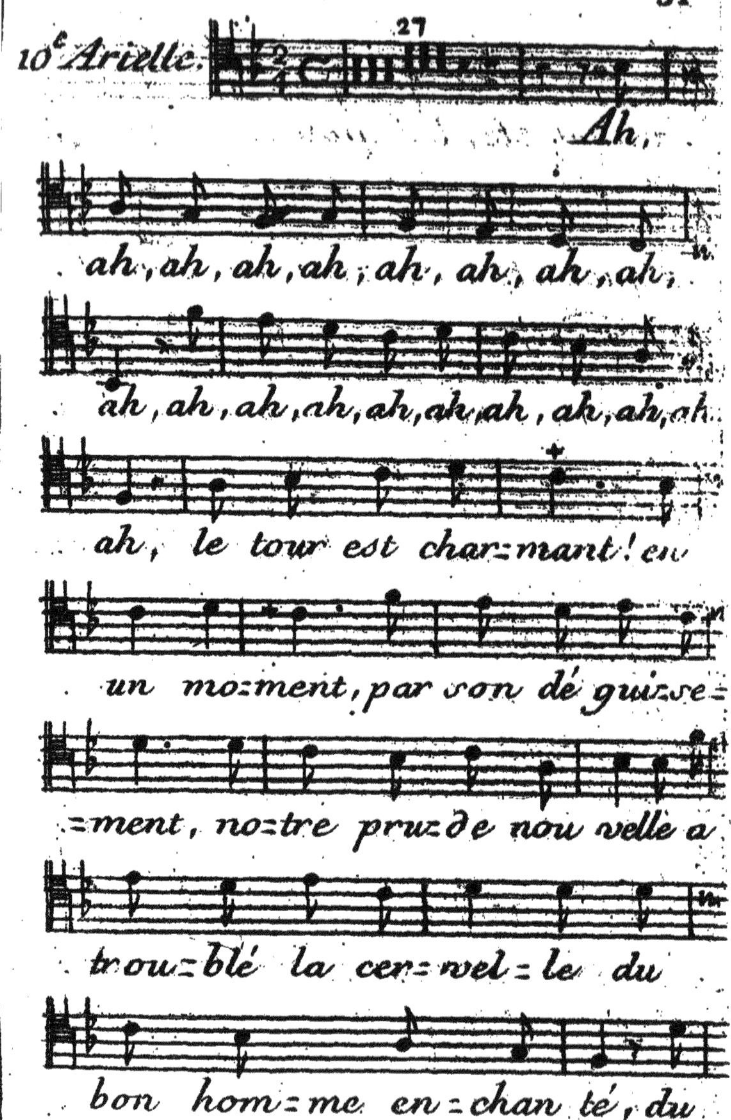
10.ᵉ Ariette
27
Ah,
ah, ah, ah, ah, ah, ah, ah, ah,
ah, ah, ah, ah, ah, ah, ah, ah, ah, ah,
ah, le tour est char=mant! en
un mo=ment, par son dé guiz=e=
=ment, no=tre prux de nou velle a
trou=blé la cer=vel=le du
bon hom=me en=chan té, du

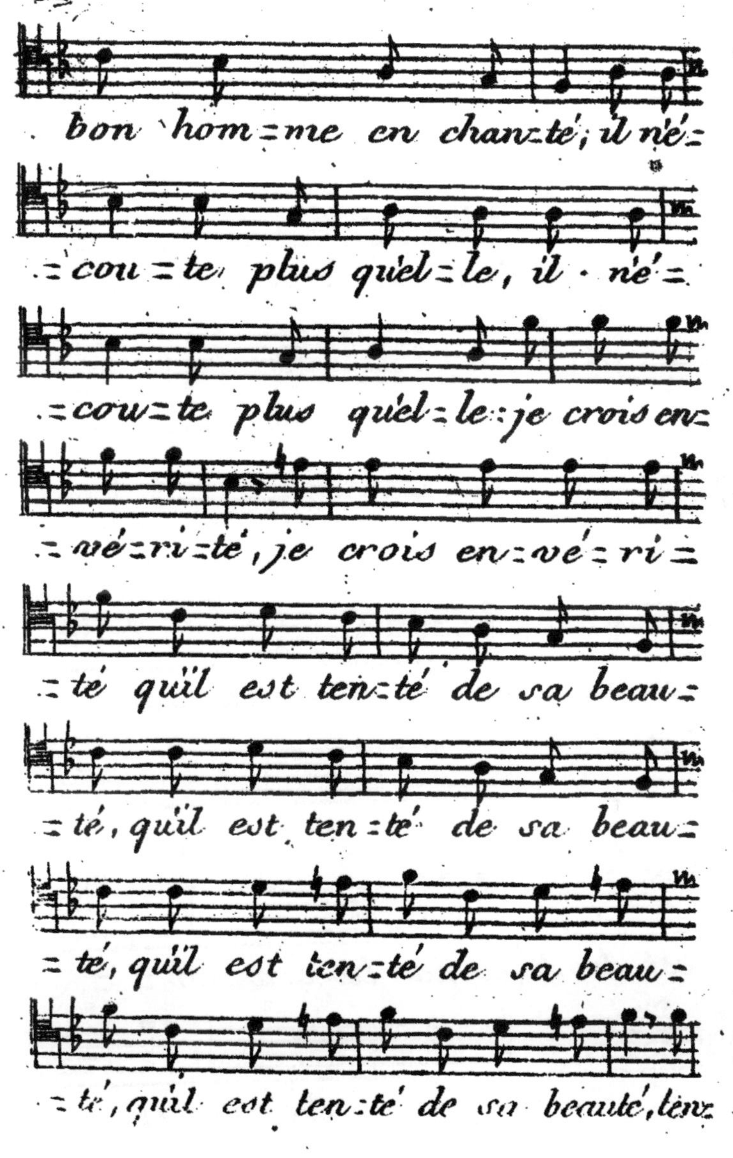
bon hom=me en chan=té, il né=
=cou=te plus qu'el=le, il né=
=cou=te plus qu'el=le; je crois en=
=vé=ri=té, je crois en=vé=ri=
=té qu'il est ten=té de sa beau=
=té, qu'il est ten=té de sa beau=
=té, qu'il est ten=té de sa beau=
=té, qu'il est ten=té de sa beauté, ten=

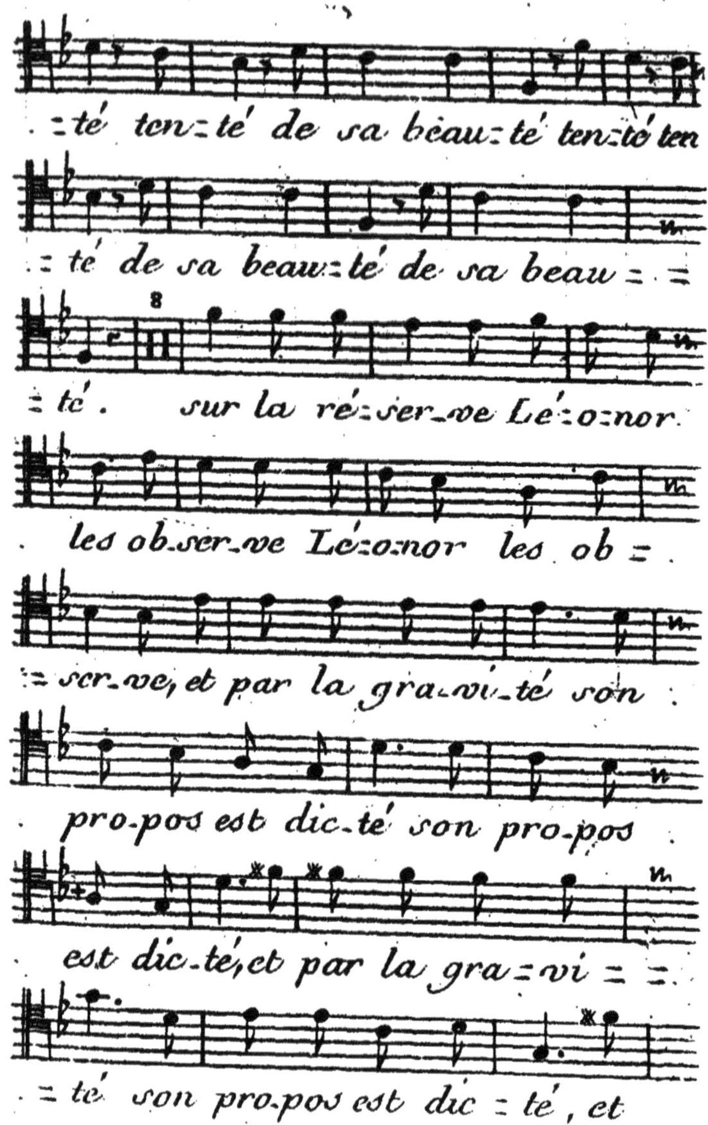
=té ten=té de sa beau=té ten=té ten
=té de sa beau=té de sa beau==
=té. sur la ré=ser=ve Lé=o=nor.
les ob=ser=ve Lé=o=nor les ob=
=ser=ve, et par la gra=vi=té son
pro=pos est dic=té son pro=pos
est dic=té, et par la gra=vi==
=té son pro=pos est dic=té, et

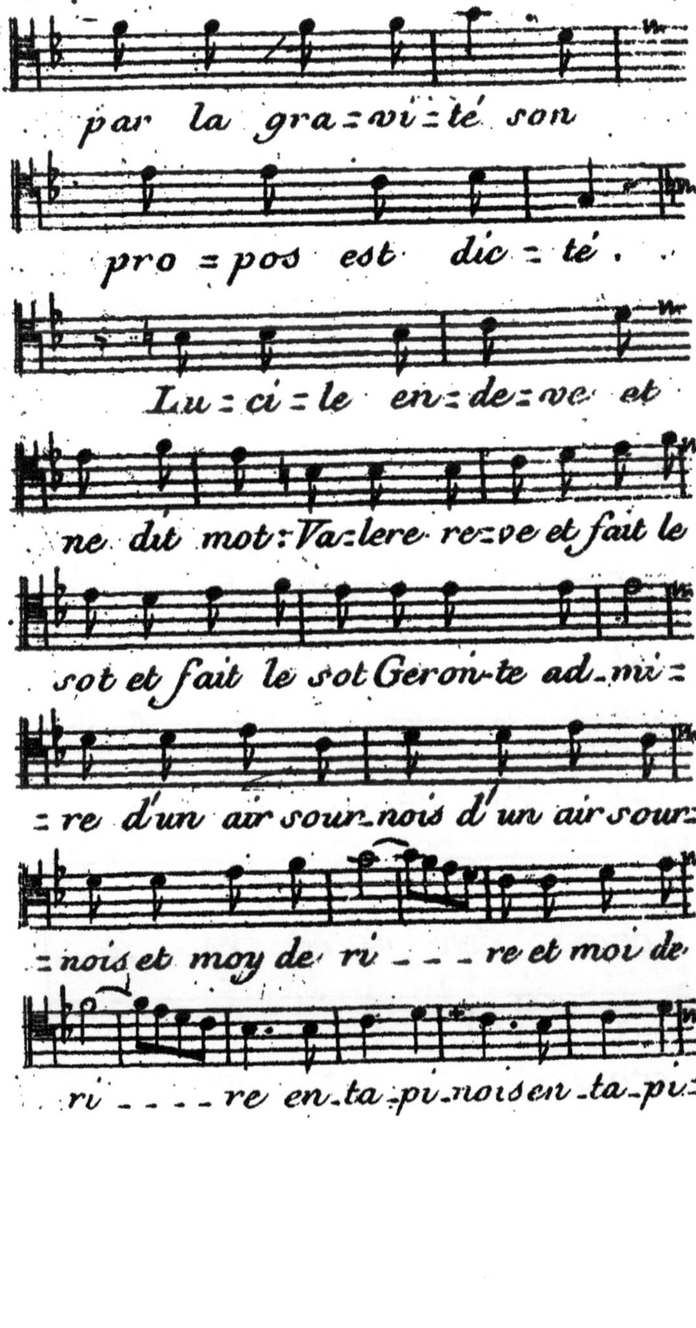

par la gra=vi=té son
pro=pos est dic=té.
Lu=ci=le en=de=ve et
ne dit mot: Va=lere re=ve et fait le
sot et fait le sot Geron=te ad=mi=
=re d'un air sour=nois d'un air sour=
=nois et moy de ri _ _ _ re et moi de
ri _ _ _ re en=ta=pi=nois en=ta=pi=

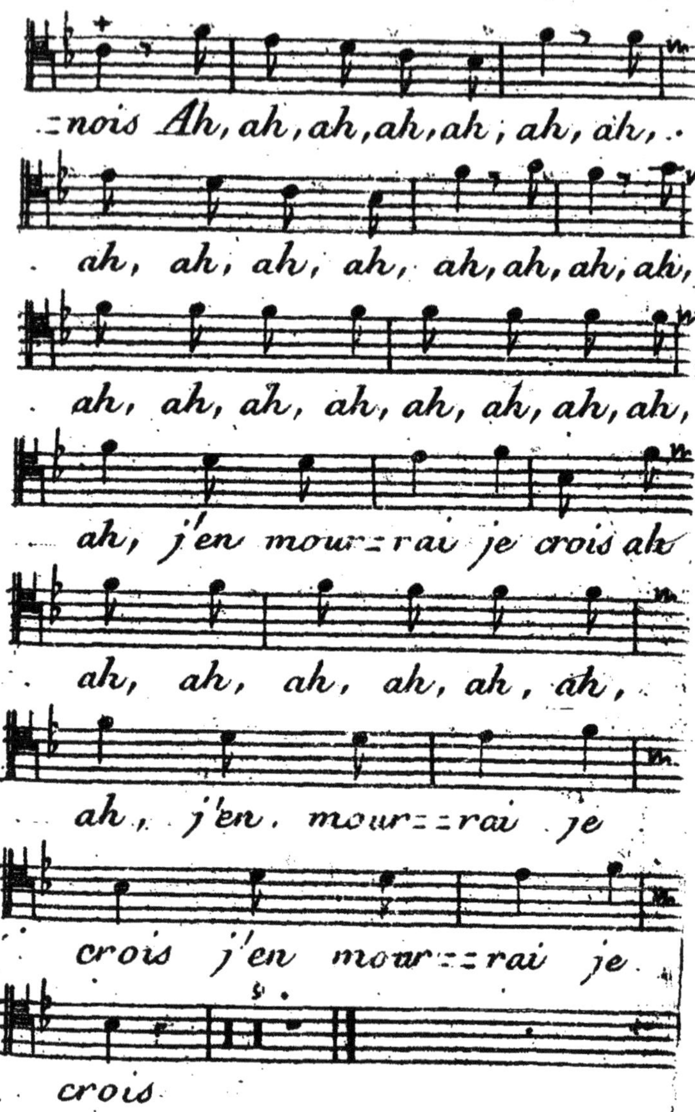
=nois Ah, ah, ah, ah, ah; ah, ah, .
. ah, ah, ah, ah, ah, ah, ah, ah,
. ah, ah, ah, ah, ah, ah, ah, ah,
. ah, j'en mour=rai je crois ah
ah, ah, ah, ah, ah, ah,
ah, j'en mour=rai je
crois j'en mour=rai je
crois

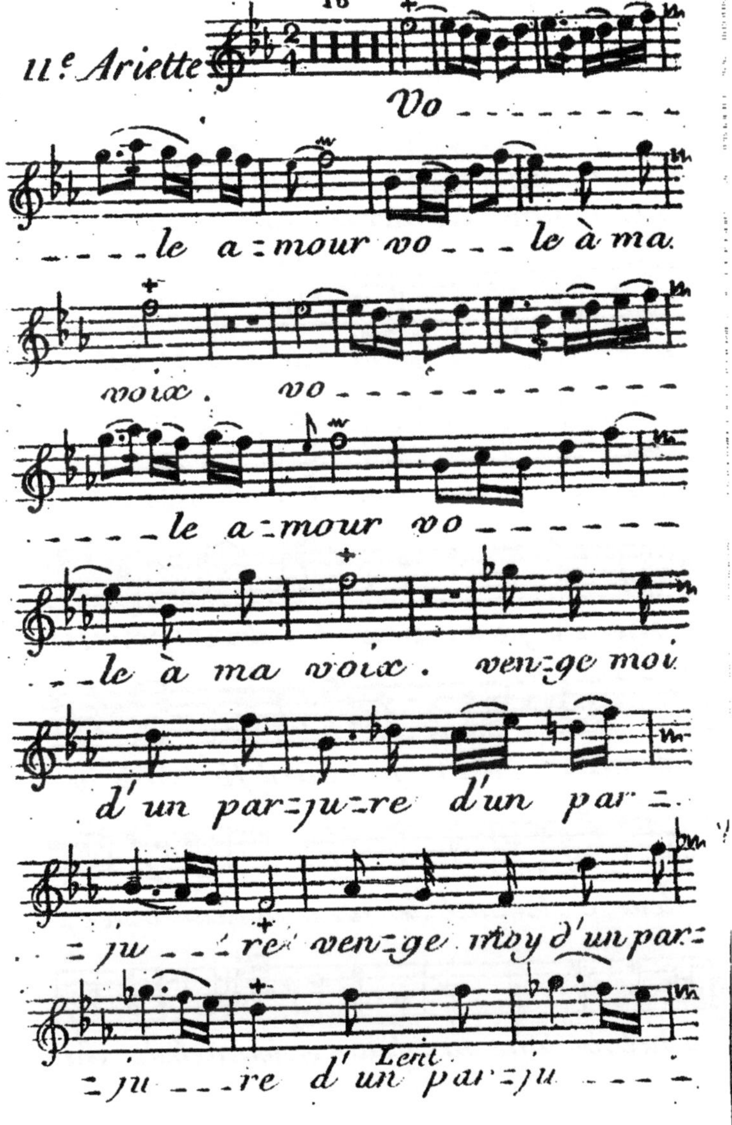
11.e Ariette
16
Vo _ _ _ _ _ _ le a =mour vo _ _ _ le à ma.
voix. vo _ _ _ _ _ _ le a =mour vo _ _ _ _ _
_ _ le à ma voix. ven =ge moi
d'un par =ju =re d'un par =
= ju _ _ _ re ven =ge moy d'un par=
= ju _ _ _ re d'un par =ju _ _ _ _
Lent

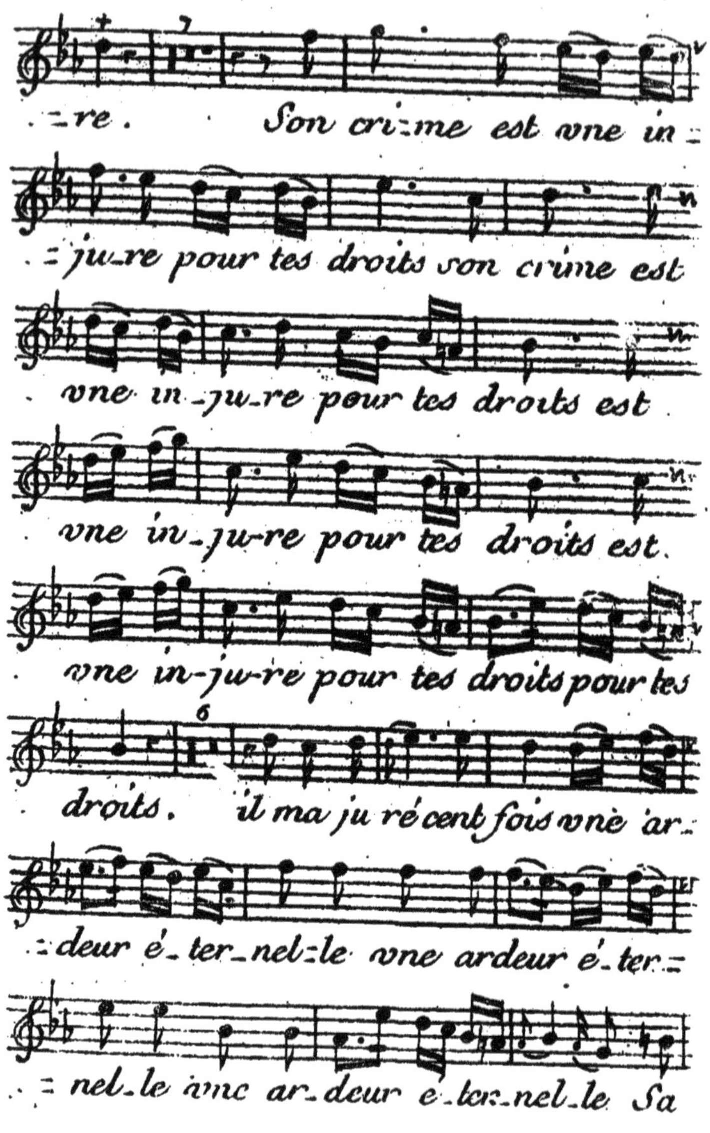
_re. Son cri_me est une in _
_ju_re pour tes droits son crime est
une in _ju_re pour tes droits est
une in_ju_re pour tes droits est
une in-ju_re pour tes droits pour tes
droits. il ma ju ré cent fois unè ar_
_deur é_ter_nel_le une ardeur é_ter_
_nel_le une ar_deur e_ter_nel_le Sa

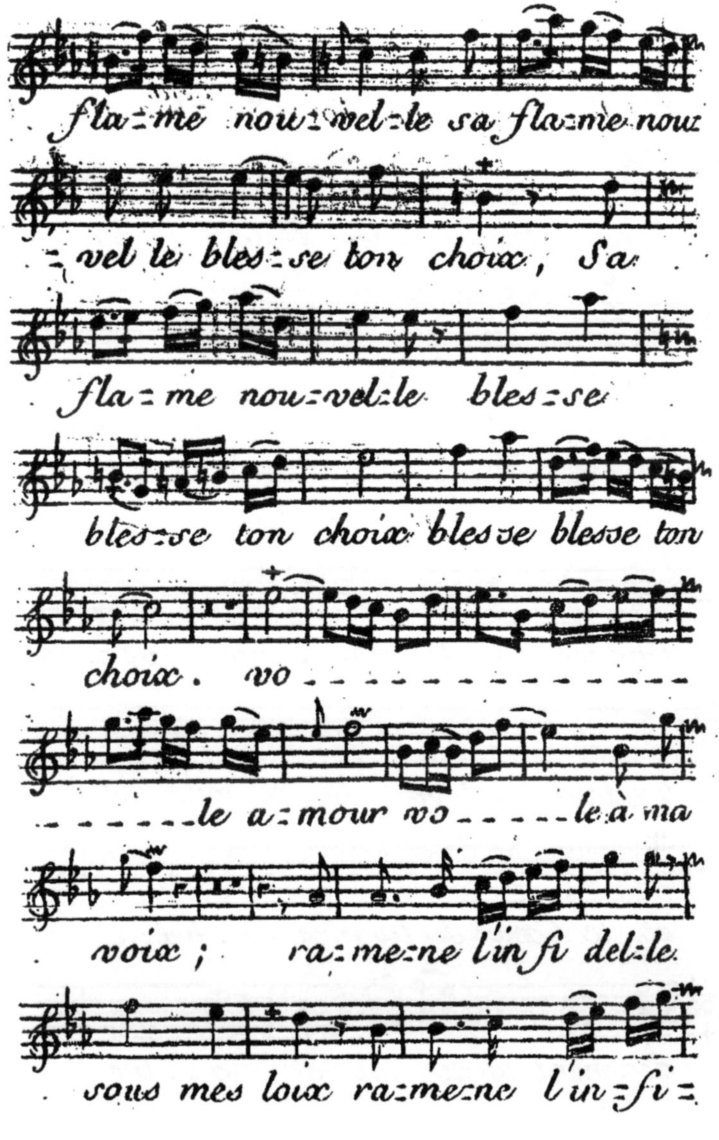

fla=me nou=vel=le sa fla=me nou
=vel le bles=se ton choix, Sa
fla=me nou=vel=le bles=se
bles=se ton choix bles se blesse ton
choix. vo ....
.... le a=mour vo........ le à ma
voix;   ra=me=ne l'in fi del=le
sous mes loix ra=me=ne l'in=fi=

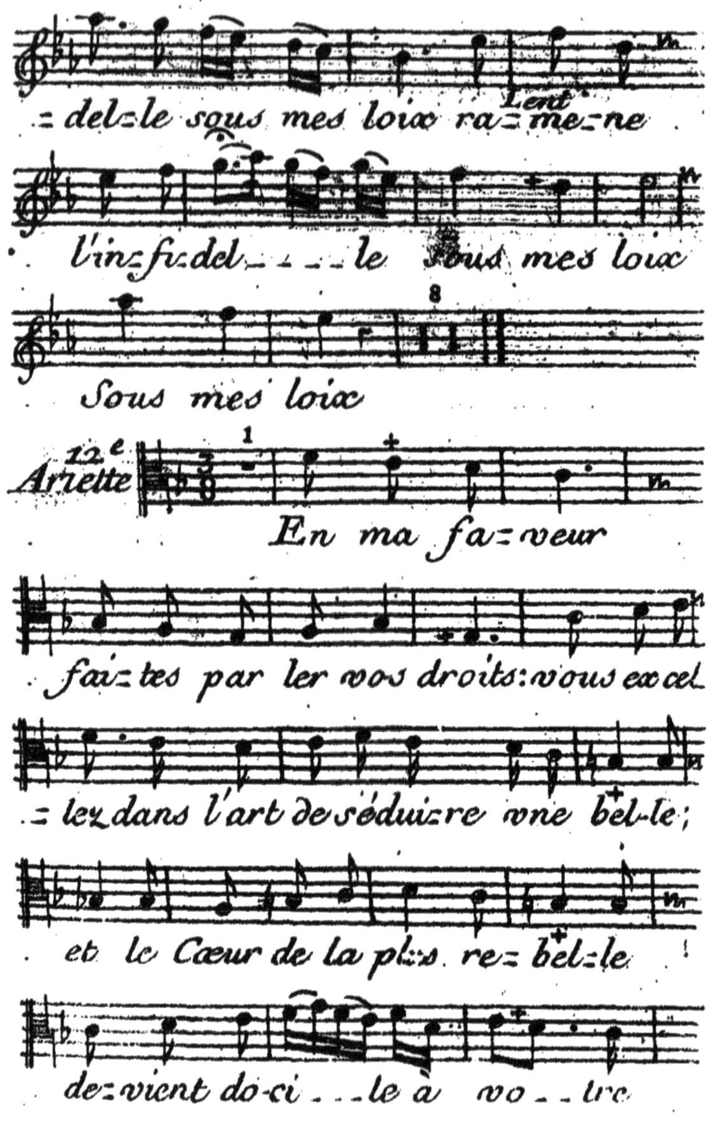
= del=le sous mes loix ra=me=ne
Lent
l'in=fi=del _ _ _ le Sous mes loix
8
Sous mes loix
12.e
Ariette
En ma fa=veur
fai=tes par ler vos droits: vous ex cel
= lez dans l'art de sédui=re vne bel=le;
et le Cœur de la plus re=bel=le
de=vient do=ci _ _ _ le à vo _ _ tre

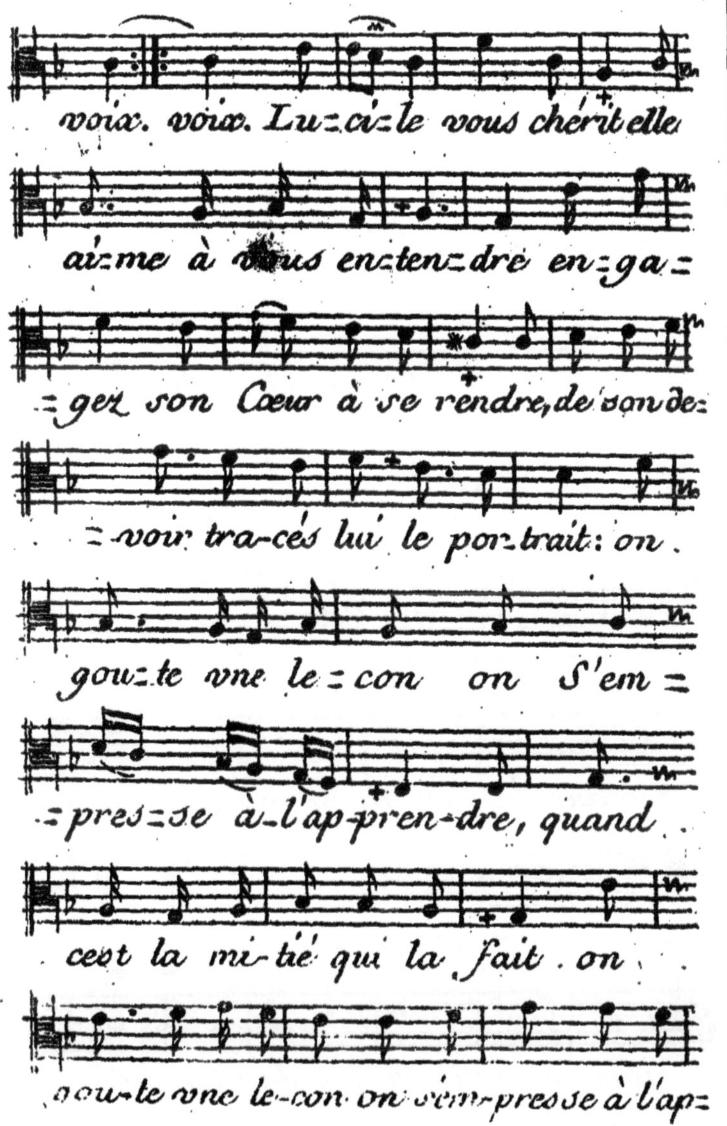
voix. voix. Lu=ci=le vous chérit elle
ai=me à vous en=ten=dre en=ga=
=gez son Cœur à se rendre, de son de=
=voir tra=cés lui le por=trait: on
gou=te vne le=con on s'em=
=pres=se à l'ap=pren=dre, quand
c'est la mi=tié qui la fait. on
gou=te vne le=con on s'em=presse à l'ap=

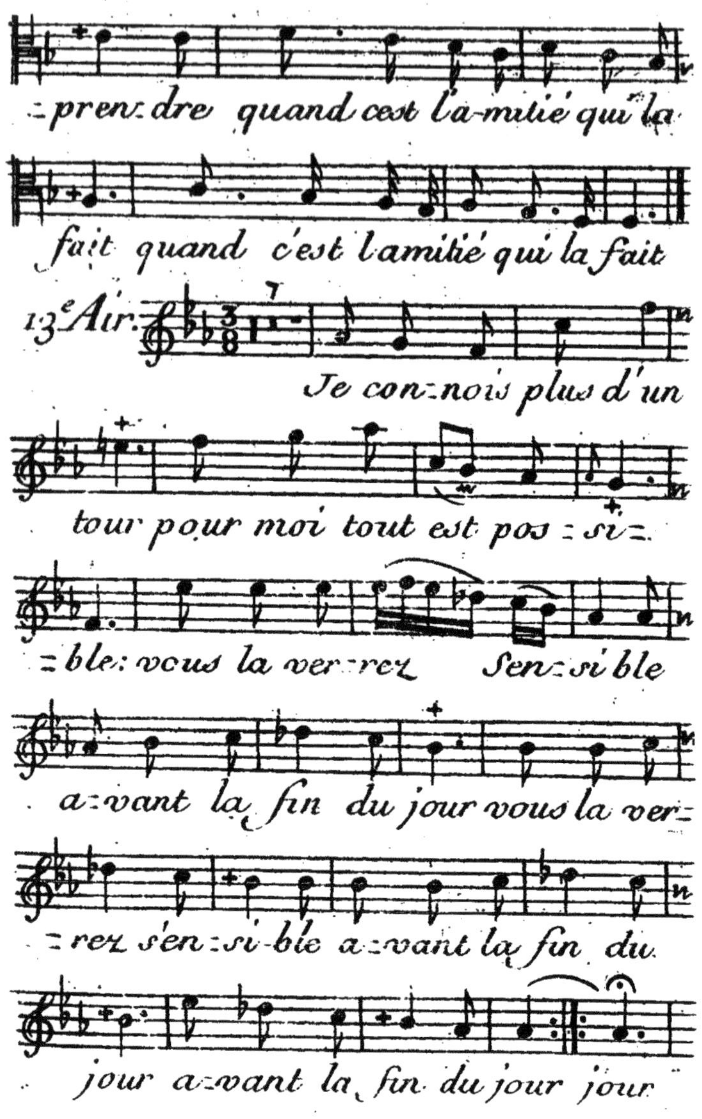
= pren = dre quand c'est l'a-mitié qui la
fait quand c'est l'amitié qui la fait
13e Air.
Je con = nois plus d'un
tour pour moi tout est pos = si =
= ble: vous la ver = rez   Sen = si ble
a = vant la fin du jour vous la ver =
= rez s'en = si - ble a = vant la fin du
jour a = vant la fin du jour jour

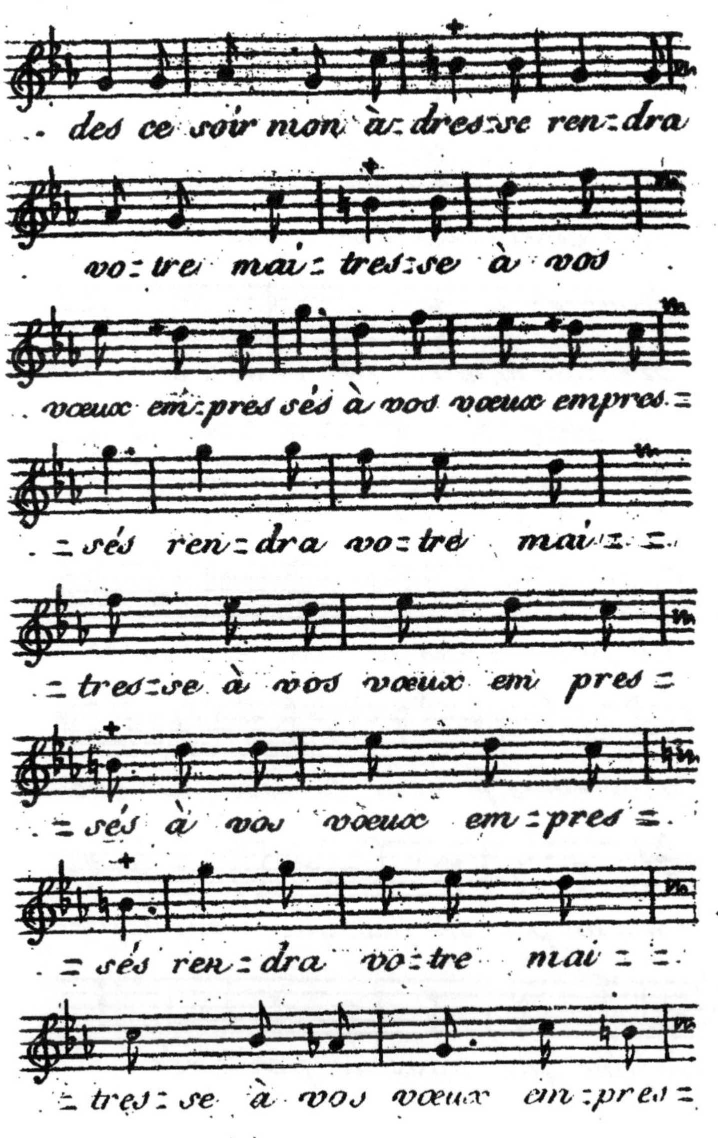
des ce soir mon a=dres=se ren=dra
vo=tre mai=tres=se à vos
vœux em=pres sés à vos vœux empres=
=sés ren=dra vo=tre mai=
=tres=se à vos vœux em pres=
=sés à vos vœux em=pres=
=sés ren=dra vo=tre mai=
=tres=se à vos vœux em=pres=

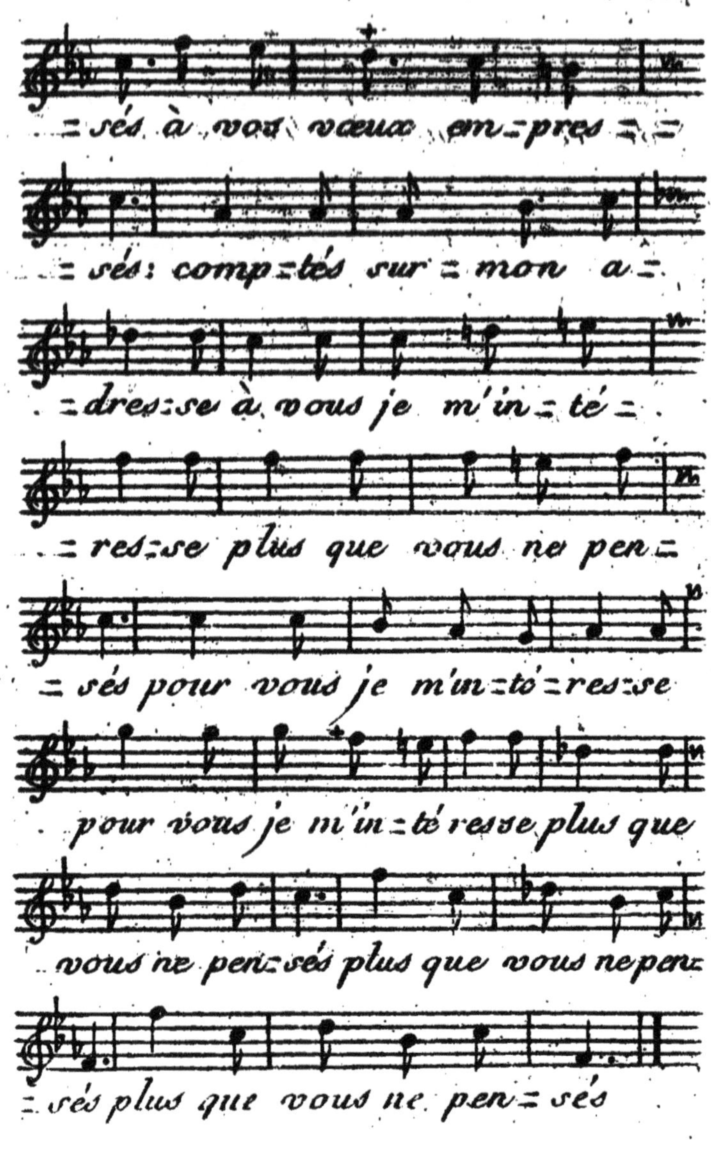
= sés à vos vœux em = pres = =
= sés: comp = tés sur = mon a =
= dres = se à vous je m'in = té =
= res = se plus que vous ne pen =
= sés pour vous je m'in = té = res = se
pour vous je m'in = té resse plus que
vous ne pen = sés plus que vous ne pen =
= sés plus que vous ne pen = sés

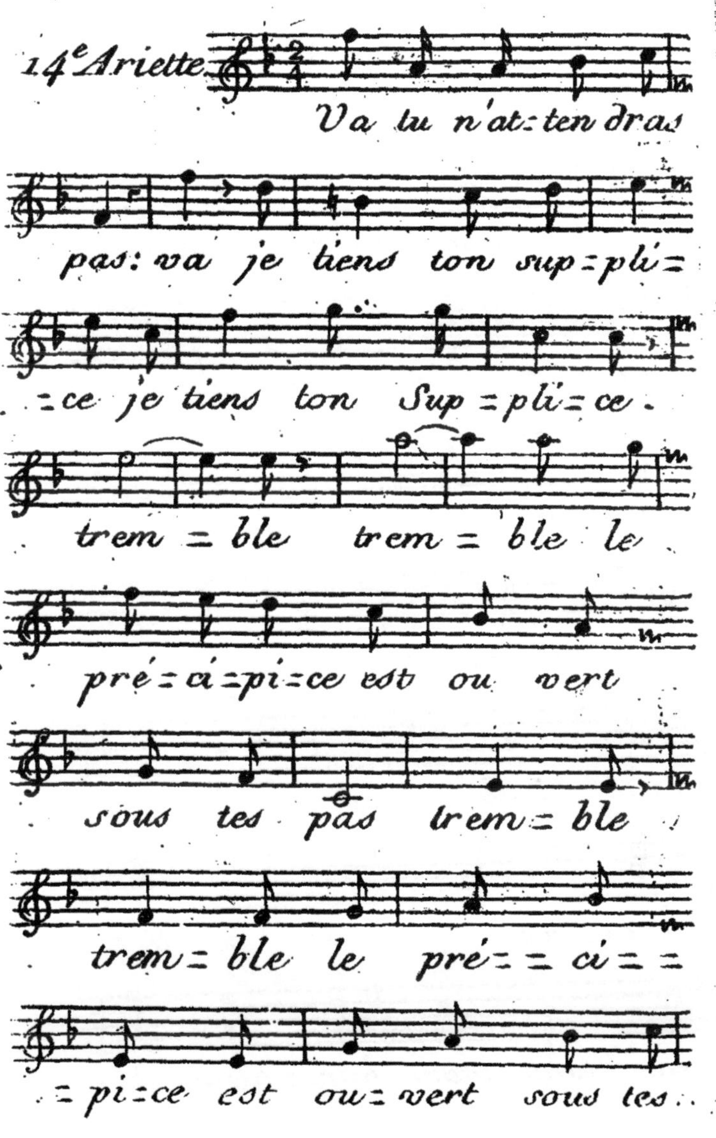
14.ᵉ Ariette
Va tu n'at=ten dras
pas: va je tiens ton sup=pli=
=ce je tiens ton Sup=pli=ce.
trem = ble   trem = ble le
pré=ci=pi=ce est ou vert
sous tes pas trem = ble
trem = ble le pré= = ci= =
= pi=ce est ou= vert sous tes

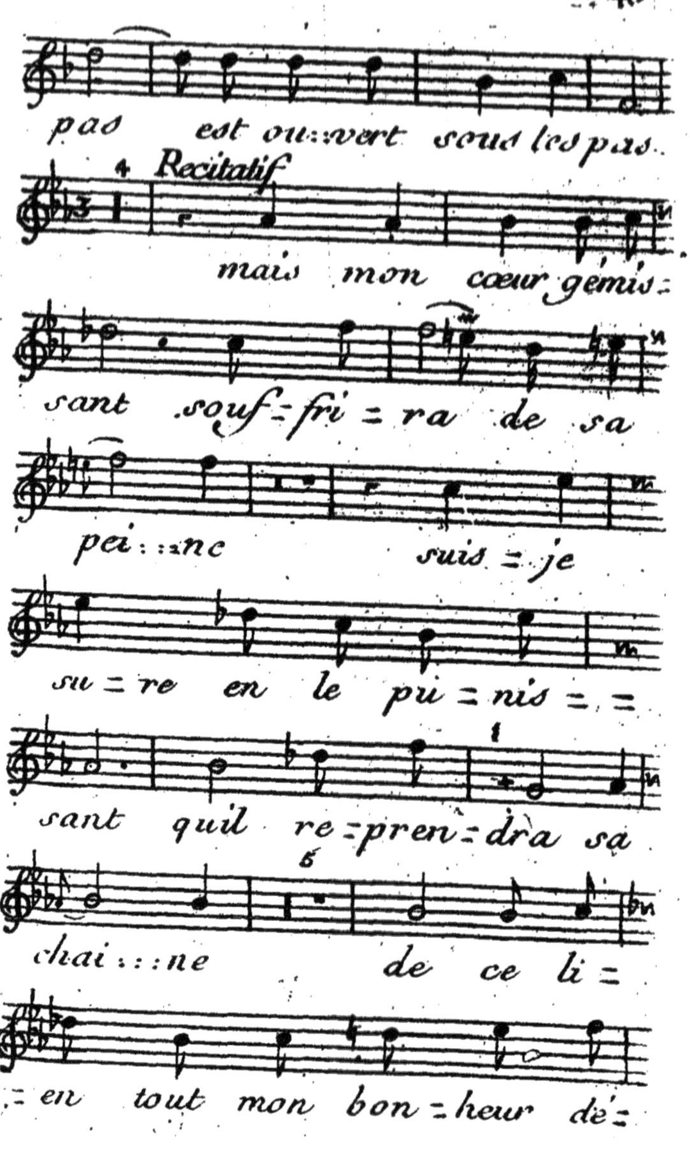
pas est ou==vert sous les pas.
Recitatif
mais mon cœur gémis==
sant souf=fri=ra de sa
pei==ne suis=je
su=re en le pu=nis==
sant quil re=pren=dra sa
chai===ne de ce li=
==en tout mon bon=heur dé=

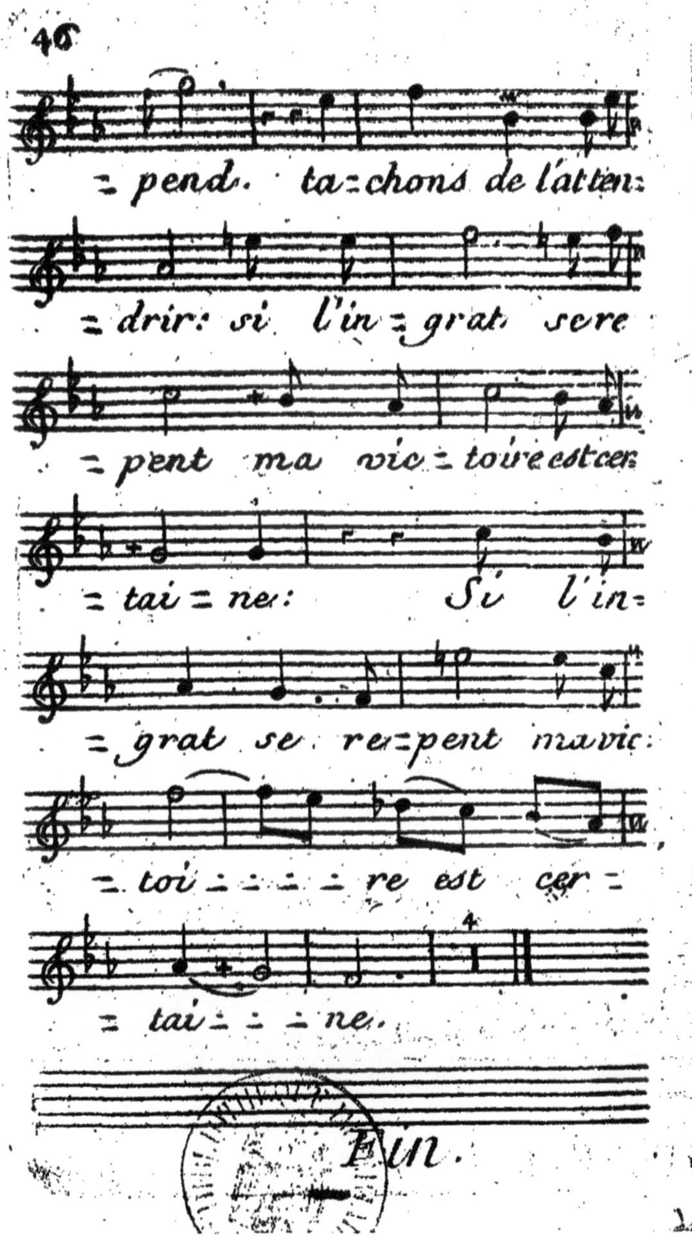
= pend. ta=chons de l'atten=
= drir: si l'in = grat se re
= pent ma vic=toire est cer
= tai = ne: Si l'in=
= grat se re=pent ma vic:
=. toi = = = = re est cer =
= tai = = = ne.
FIN.

www.ingramcontent.com/pod-product-compliance
Ingram Content Group UK Ltd.
Pitfield, Milton Keynes, MK11 3LW, UK
UKHW021011120726
13693UKWH00005B/1910